60代からは
ソロで生きる

ちょうどいい孤独

鎌田實

かんき出版

はじめに◎
人生一〇〇年時代の「ソロ立ち」のすすめ

新型コロナウイルスの世界的大流行を受けて提唱された新しい生活様式は、「個のすすめ」です。買い物も散歩も外食も、原則としてひとり。人混みを避け、極力人に会わないことを強いられるようになりました。

そのせいもあるのか、「孤独」が一種の〝ブーム〟になっています。若者の間で流行っている「ぼっち」や「ソロ活」は、その典型でしょう。

本文で詳しく説明しますが、僕は孤独には「望まない孤独（消極的孤独）」と「自ら望んで得る孤独（積極的孤独）」があると考えています。望まない孤独は、孤独を否定的にとらえ、「自粛生活を強いられて人付き合いが減り、さびしくて元気を失った」と孤独を感じるというもの。

反対に「望んで得る孤独」は、「人と会えなくてさびしいけれど、その分、自由な時間ができたのでやりたいことがやれるようになった」と、好意的なとらえ方をするものです。

「孤独」というのは「ひとりでさびしい」と思う感覚です。でもそれは「ひとりでいるから」ではなく、「人がたくさんいても、その人たちとの距離を感じるから」という場合が多く、むしろそのほうが、さびしさが際立つようです。

でも考えてみてください。親や子がいようと、配偶者や友達がいようと、私たちは結局、「ひとり」なのです。みんな、ひとりで生まれて、ひとりで死ぬ。夫婦で生活していても、いつかどちらかが必ず死ぬ。命の最期は「個人戦」なのです。これが「孤独」の本質です。家族がいても、人間の根源的な孤独は癒すことができない……。私たちが棚上げにしていたこの厳然たる事実を、新型コロナ禍が見つめ直させてくれたのです。

そこで僕は、〝孤独を癒す〟のではなく、〝孤独を楽しむ〟ことをすすめています。孤独〝に〟生きるのではなく、孤独〝を〟生きるのです。つまり「望んで得る孤独」

のすすめです。『人生論ノート』で有名な哲学者の三木清《みききよし》は、「孤独は感情ではなく、知性に属さなければならぬ」と語っています。「自分らしく生きるために、その行動によって孤独になることもある。それは知性による孤独であって、とても尊いものだ」というのです。

そうなのです。「孤独」は、嫌がれば嫌がるほど、ますますその落とし穴にはまってしまいます。でも、孤独を楽しめれば周囲の〝雑音〟に惑わされずにすみます。すると本来の自分の姿を見つめ直すことができ、「自分はこうありたい」「自分はこれをしたい」という形で「新しい自分」を芽生えさせることができます。こういう「精神的な自立」を、僕は「ソロ立ち」と名づけています。

「ソロ立ち」「ソロ活」「ぼっち」という新しい波

先ほど紹介した「ぼっち」や「ソロ活」が若者の間で流行っているのは、彼らはひとりでいることを好み、そしてソロ立ちを模索しているからではないかと思います。

例えば会社でも、コロナ禍の前までは、先輩や上司より先に帰ってはいけないという不文律がありました。でも若い世代は「そんなのイミフ（意味不明）」と、平気で帰ってしまいます。彼らは、仕事をほっぽり出して帰ってしまうわけではありません。「仕事もないのに会社にいる」悪習にNGを突きつけているのです。

定刻以降に残業をするのは特別なときです。仕事を終えた者は、自分のリフレッシュに時間を使ったり、さらに成長するために勉強したり、調べものをしたり、それらのために自由に時間を使う。それが「個を大事にして生きる」ことにつながります。

ポストコロナは、これまでの「縦社会」の規律や忖度《そんたく》をぶち壊して、「これからどうすればいいのか？」をみんなで考えていかなければいけない時代です。社会全体で「なぜ、ひとりでいてはいけないのか？」という問いにも、根源的な答えを見つけていかなければならないのです。

他人に甘えず、媚びへつらうことなく、ひとりのメリットを享受すること。その半面、友人や集団の中では十分なコミュニケーションが取れること。そんな「孤独の楽しみ方」を知る人たちが、新しい社会や次の仕組みをつくっていくのではないかと考えています。

「ちょうどいい孤独」を探す

本書では、さまざまな角度から、「孤独」の楽しさ、素晴らしさを考えていきます。ただ注意していただきたいのは、本書は「孤高」をすすめる本ではありません。巷では、孤独のプラスの側面を強調して「孤高」という言葉を使い、「超然とした態度で理想を追い求める」著書も人気です。確かにこれは、孤独の理想に近づこうとするものだと思います。

でも、誰もがそんなに高尚な生き方ができるわけではありません。そこで、普段は誰かとつながっていながら、「ひとりでいたいときにはひとりでいよう」という具合に、「ちょうどいい孤独」を楽しんだらよいと思っています。

考えてみれば、自分ひとりの時間が持てるというのは、幸せなことです。人生一〇〇年時代を過ごす中で、誰もがひとりで過ごす時間が多くなるはずです。それは

「孤独」を感じる時間が多くなることでもありますが、半面、孤独を楽しめる時間が長くなるということです。

家族や友人がいても、「孤独だ」を感じる時間は必ずあります。そこで、どうやって自分自身の時間をポジティブなものに転換していくか。極論すれば、その方法次第で、人生が幸福なものか、不幸のまま終わってしまうかが決まっていきます。孤独を積極的に楽しめる人と、孤独を否定的に感じる人とでは、「人生の密度」が大きく変わってくるように思います。

「孤独はラッキー」なのです。「自分だけの、自由に自分勝手に使える時間」、それが「ちょうどいい孤独」です。本書を手にとって、「孤独っていいものだな」という感覚を存分に味わっていただければと、願っています。

二〇二一年初冬　八ヶ岳山麓・岩次郎小屋にて

鎌田　實

ちょうどいい孤独◎もくじ

第1章◎「ちょうどいいひとり時間」は人生を変える

第2章◎群れない、束縛されない「ソロ活」のすすめ

第3章◎さびしいという孤独感を減らして「孤独力」を上げる

第4章◎家族や集団の中でこそ「ソロ精神」を発揮しよう！

第5章◎「老いの坂」を下りるスキルをどう身につけるか

第6章◎老いの「ソロ立ち」であなたも孤独名人になれる

装丁◎石間淳
装画◎楓真知子
DTP◎システムタンク
編集協力◎未来工房

第1章◎「ちょうどいいひとり時間」は人生を変える

「ソロで生きる力」を磨く時代

「孤独」「孤立」が、いまの日本社会の大きなテーマになっています。

新型コロナウイルスの感染拡大で不要不急の外出自粛が求められ、「ソーシャル・ディスタンス厳守」の掛け声のもと、人々の距離は急速に疎遠になっていきました。自分自身の感染の危険性や、経済的な先行き不安ということ以外にも、自粛生活を強いられることによるフラストレーションから、いろいろな精神症状を呈する人が増えています。また、在宅、テレワークなどで働き方が急激に変わり、それに対応できずに孤立感を深め、「コロナうつ」に陥ってしまう例も多く見られるようになってきました。

コロナ以前にも、日本社会には「孤独感」が広がっていました。その背景になっているのが「老後への不安」。老後に関してはとても多くの人が〝不安〟を抱えていて、それが「結婚しない症候群」や「少子高齢化問題」などに影響を及ぼしているようです。

老後に関しては、定年後の不安がない人はほんの一握り。二〇二一年九月総務省の発表によると、高齢化率はいままでで最高の二九・一％になりました。六五歳以上で働いている高齢者の就業者数は一七年連続で増え続け、ついに九〇六万人と過去最多を更新しました。働く高齢者が四人に一人になったのです。政府は生涯現役で活躍できる社会をつくるなどと「きれいごと」を言っていますが、こんな言葉に惑わされてはいけません。政府の思惑などに躍らされることなく、自分の都合のいい時間に、家計の足しになるような面白い仕事をするなど、自分流のソロ立ちを自分自身で決めるのです。「ソロで生きる力」を磨く時代になったということです。

時間はたっぷりあって、貯金もそこそこという人でも、やはり老後への不安を抱えているというのが現実です。それなら、その不安を逆手にとって「自分の生き方は自分で決めるさ」と居直ってしまいましょう。

高齢者の三割は友達がいない

一体、何が不安の原因になっているのでしょうか。NPO法人「老いの科学研究所」の調査では、身体能力が衰えること、認知症の心配などに混じって、「孤独やさびしさ」を訴える人が多いと言います。孤独を怖がるあまり、「病気になったらどうしよう」と不安でたまらなくなる。その背景を探ると、「一緒に楽しく過ごせる仲間がいない」というさびしさが潜んでいるそうです。

事実、二〇二一年五月に発表された内閣府の調査で、日本、アメリカ、ドイツ、スウェーデンの高齢者を対象にした国際比較では、日本の高齢者の三割は友達がいないという結果が明らかになりました。

人生一〇〇年時代です。たとえ配偶者や子どもがいたとしても、最後はひとりになるケースが多い。それを考えると、ますます孤独感が募ってしまうということです。

でも、この「孤独」という問題は、それほど悪いものなのでしょうか。実は僕は

「孤独」と「孤立」はまったく別物で、孤立はよくないが、孤独は決して悪いものではないと考えています。世の中には、「孤独は悪」と決めつけ、「ひとり暮らしです」などと言おうものなら、「あら、かわいそうに」と〝同情〟してくれる人が多い。

「大きなお世話」です。ある出版社で僕の連載記事を担当してくれていた有能な編集者Aさんは、まだ継続して働くこともできたのに、定年で職場を去ってしまいました。彼はシングルです。「ひとりだから無理をしなくていいんだ」と言う彼は、映画も芝居も音楽も詳しい。たくさんの有名作家からも愛された人でした。この人とご飯を食べていると、たくさんの刺激をもらえる。僕の担当編集が終わった後も、よく一緒に食事をしました。コロナでさぞさびしくなっているのではと、時々心配になって電話をすると、相変わらずハイテンションで元気な声が返ってきます。

この人に限っては、コロナ禍でも人間関係がズタズタになっていないように感じました。コロナに負けず、いまもしたたかにひとり生活を謳歌していました。

世の中には、誰かと一緒にいるのが楽しいと思う人がいるように、ひとりのほうが快適だと感じる人もいます。事実、それをテーマにした書籍も巷にあふれています。

高齢者よりも若者のほうが、この「孤独」に敏感で、いまは都市部のビジネス街で「ひとりランチ率」が急速に増えています。ひとり旅やひとり映画など、ひとりで楽しむ「ソロ活」「ぼっち」が急速に増えているのは、そもそも人間には「ひとりで行動したい」という孤独愛好家が多く、コロナ禍を契機に市民権を得るようになったからだと、僕は思っています。

人間は「ひとりでいたい」欲求を持つ存在

アフリカで誕生した人類は、周囲に住む猛獣たちの標的になりやすい脆弱な存在でした。そこで生き延びるためにコミュニティーをつくったのです。でも、一緒にいると息が詰まってしまい、やがてコミュニティーから離れたいという欲求を持つ者も出てきました。そして世界へと散らばって行きました。こうした人たちがいたから、人類は〝出アフリカ〟に成功し、何万年もの時間をかけて「グレートジャーニー」の旅に出かけ、全世界に定住するようになったのです。

つまり人間というものは「群れたい」欲望と「ひとりでいたい」欲求の両方を併せ持つ存在です。ただ、「群れたい」欲望が強すぎると集団の中で埋没してしまうし、「ひとりでいたい」欲求が旺盛だと社会的孤立が深まってしまいかねません。この両方のバランスを上手に取ること、それが現代に適した生き方なのではないかと思います。

実は現代社会は、否応なく「ひとり暮らし」に向かわざるをえない構造になっています。特に都会では核家族化が進み、親子二代の同居などは夢のまた夢。地方でも過疎化が進み、親と子どもたちは、遠く離れて暮らしています。「遠くの親戚より近くの他人」という言葉がありますが、頼るべきは近くに住む友人ということになります。しかし、よほど気心が知れていないと、友人との人間関係がかえって重荷になったりすることだってあります。

日本社会は本来、江戸の長屋文化に象徴されるように、血縁よりも同じ地域に住んでいることが大きな意味を持っていた社会です。でも昨今は、マンションの隣人の顔や名前を知っている人のほうが珍しいほど。地域コミュニティーは急速に消滅しつつあるのです。

職場環境面でも「日本株式会社」が消滅し、以前のように「一致団結して進む仲間」という意識は急速に薄れ、企業コミュニティーは崩壊したと言っていいくらい。それに加え、家族形態は核家族化が進む。いや応なく、社会は「ソロ化」を余儀なくされていきます。

つまり日本社会は、かつてのように「集団に属していれば安心」という社会ではなくなってきたのです。日本を代表する大企業ですら傾いてしまうように、自分の乗る船がいつ沈没するかわからない時代……。若い人たちのソロ活動意欲は、こうした時代の空気を鋭敏に察知した結果だと思います。

「孤独力」を磨けば「孤立」は招かない

「孤独」について考えるときに重要なのは、物理的にひとりであることが問題なのではなく、「心が独りぼっちになる」心理的孤立が問題だということです。

繰り返しますが、孤独と孤立はまったく別物です。孤独は自分が望む場所と時間を自分で選ぶこと、つまり「自立」した人間のこと。「自立」はよく誤解されているように、何もかもすべて自分の力で行うことではなく、本当に頼らなければならないときに頼れる相手がいる状態のこと。

それと正反対に、孤立は、いざというときに頼れる人が誰もいないという状態のこと、あるいは社会から外れて生きなければならない状態のことです。当然、頼るべき相手も存在しません。

先ほど触れた編集者Aさんが、コロナに負けず、相変わらず前向きで明るい状態を保っていられるのは、定年前にあった人間関係が、定年後もあまり崩れていないからです。仕事での関係が終わったら連絡が途絶えてしまうという例も少なくないはずです。でも彼には、僕のように、仕事での関係が終わった後も会って刺激を受けたいとか、話をしてみたいと思う人たちがたくさんいるのです。

もちろん、ひとりでご飯をつくってひとりで食べることも多いでしょう。時に隙をみて、自分が好きな映画や芝居を観に行ったりしながら、自分の時間を自由に使うのは素敵です。定年後の人生をコロナに破壊されずに、悠々と生きている感じが、実にかっこいい。自由に毎日を楽しそうに生きているAさんの側に入り込んで、勝手な想像を広げてみました。

その一方で、「SNSのつながりがあるから孤独を感じない」という人もいます。確かに社会的孤立のセーフティネットはSNSだという説は否定しません。職場や友人との会話はなくても、ネットを介せばいつでもどこでも会話ができるので、社会的孤立は招かないというのが、その人たちの理屈です。一理ありそうですが、問題はその会話に〝中身〟があるかどうかだと思います。

僕が定義する「孤独力」とは、普段は孤独を楽しみながら、〝いざというときに手を差し伸べたり、差し伸べられたりする力〟なのです。言い換えれば、〝そんな人間関係をつくっていける力〟です。

でも、SNSで顔の見えない相手といくらつながっていても、その中の何人が〝いざというとき〟に自分に力を貸してくれるのでしょうか。

孤独と孤立とひとり暮らしのリスク

いまは結婚願望が薄れていることが問題視されています。独身者が増えるからといって、社会的孤立が増えるわけではないでしょうが、結婚や恋愛は、やはりリアルな世界でしか成り立たないのではないかと思われてなりません。同じように、ひとり暮らしイコール社会的孤立ではないかもしれませんが、バーチャルなＳＮＳ空間で、どれだけ孤立感を癒せるものなのか、私は内心、心配しています。

アメリカのブリガムヤング大学のジュリアン・ホルトランスタッド教授は二〇一〇年に三〇万人のデータを分析し、「孤独感が短命のリスクに通ずる」と指摘したのです。そして一五年に再び「孤独感は死亡率を二六％高め、社会的孤立は二九％高める」と分析しています。ひとり暮らしの場合は三二％高まります。

それでもいまの時代、「ひとりの時間」を持ちたいと多くの人が思っています。孤独が短命につながるとしても、その時間を持つことで大事な人生の決断ができ、人生を成功させている人が多いのも事実です。孤独だからこそ、人が考えないような選択をし、面白い人生を生きている人が多いのです。

そこでこの本では、四七年間、健康づくり運動を地域で展開してきた医師のカマタが、孤独のマイナス面をできるだけ減らして、孤独のいい面を見つけ、それぞれの人が自分にとって「ちょうどいい孤独」を探すヒントを書いていくつもりです。

もちろん、ひとり暮らしも社会的孤立も、リスクがあることは以前から言われていました。しかし僕自身、孤独は大歓迎です。死亡リスクを高めていることを忘れないようにしながら、ここで孤独の魅力について語っていきたいと思います。

孤独には魅力がいっぱい

「孤独」とは、いつもポツンとひとりでいることをさすのではありません。先ほどのAさんの例のように、周囲の〝雑音〟に惑わされずに自分が気持ちよく暮らし、自分の中に「新しい自分」を芽生えさせることです。そうやって生まれた新しい自分の力を自分の中に充満させること。それが「ちょうどいい孤独」というものであり、ソロで生きることで、この力が増幅されます。

ソロ活をしっかりやって、「自分は自分」という意識を強く持ち、ソロ立ちができてくると、いいことがいっぱい起きてきます。

1 自主性が高まる。空気を読みすぎたりしなくなり、自分の人生を自分で選択する力がついてきます。

2 自分の価値観がはっきりしてきて、自己肯定感が強まってきます。

3 社会的な圧迫感が減っていきます。人によっては家族や社会の中で、あるいは地域の中でプレッシャーを感じていても、積極的に自分から進んで孤独な時間を過ごしていくと、徐々に圧迫をはねのける力が出てきます。

4 人に染まらないユニークな考えが浮かんできます。ここから新しいビジネスの展開ができることもあれば、生き方がユニークになっていくこともあります。ここから人生の成功をつかんだ人もいます。

人真似をしないので、自分流で生きた結果、「時には失敗」なんてこともあります。でも納得できるのです。

5 ソロ活をしていると、集中力が高まります。食事を好きな人と食べる時間はとてもいい時間です。でもひとりで食べることによって、その食べ物に集中することもできます。一緒に映画を見る時間もいい時間ですが、ひとり映画は映画好きの僕にはこたえられないほどの幸せです。ゲレンデを勝手にひとりで滑っているときの至福感といったら、何にも代えられません。ひとりで三キロのダウンヒルを颯爽《さっそう》と滑り降りてこられなくなったら、いつ死んでもいいと思うくらいに、ひとり時間を愛しています。

6 本当の自分に気づきます。トルストイの言葉に「孤独な時、人間は眞の自分自身を感じる」というのがあります。孤独な時間を持つことで本当の自分に気がつくということです。

7 孤独を知っていることによって、人を大切に思ったり、愛したりすることができるようになります。

これはピート・ハミルというアメリカのジャーナリストの言葉です。
「自分の孤独の時間を持てない人には、他人を愛す資格はないと思う。ひとりで生きていくことができてはじめて、人を抑圧することなく、愛せるんだ」

孤独を愛し、ひとり時間を大切にし、何かやるときにも人とつるまず、ソロ活ができるようになってくると、人生の立ち位置が美しくなっていきます。これがソロ立ちです。人の目なんか気にしないで、毅然としてきます。まず難しく考えずに、ひとり時間を前向きに、生活の中に取り入れてみましょう。そこから始まります。

執着を減らして「ソロ力」を上げる

またまたAさんの話をします。大作家やベストセラー作家に、彼は気に入られていました。仕事仲間という枠を超えて、遊び仲間や友人のような存在になっていたからだという気がします。担当する作家がさびしくなったり、壁にぶつかったりしていると、夜中まで一緒にお酒を飲んだり、一緒に旅に出たりしました。彼に救われた人たちがたくさんいたように思います。もちろん彼も、作家たちに支えられました。そこに一本、お互いにとって大事な〝芯〟が通っていたのです。

これは作家と編集者という「垂直」の関係ではありません。編集者である彼の仕事は「原稿をもらう」こと。でも彼は必ずしもそれに執着しなかった。それ以上に相手のそのときの状況に配慮し、立場を超えてお互いの存在を大事にしたのです。「職場放棄」とそしられるかもしれませんが、それ以上にAさんは、「相手が何を感じているか」「そのために自分は何が手助けできるか」を考えていたように思います。こうして是々非々、「いいものはいい、悪いものは悪い」と言い合える信頼関係が生まれ、「裸の付き合い」ができたのではないでしょうか。

一方的な執着がないので、そこには功利的な打算もありません。このように、いったん執着を捨ててしまえば、利益関係や打算が入り込む余地がなくなります。すると本当に大事なものが見えてきます。自分にとって本当に大事な人は誰なのか、必要とするものはなんなのか……。執着が過ぎると、それに埋もれて身動きが取れなくなってしまいますが、いったん執着を捨てれば、「捨てても構わないもの」が見えてくるはずです。そして「どうしても捨てられないもの」だけが残ります。人間が生きていくには、それだけあれば十分なのです。

孤独の時間を過ごす中で「ソロ力」を増幅させれば、かえって上手な人間関係を築くことにつながります。こんな形で精神的に自立した人間となら、誰もが付き合いたいと思うはずなので、いろいろな人たちとの交流の可能性が広がるのです。

周りに誰かがいないとさびしいと感じてしまうのは、「自分の中の孤独力」が足りないせいだと、僕は考えています。

孤独の醍醐味は個人の価値に気づくこと

「絆」という言葉があります。東日本大震災のとき、メディアは被災地から、続々と感動的な映像や心温まる場面を送り続け、これが「絆」という言葉に象徴されました。

ご存じでしょうが「絆」というのは本来、「人を縛る」ものなのです。親子の絆、夫婦の絆、地域社会や共同体の絆は〝安心〟の基礎になるものですが、時と場合によっては、理不尽な形で個人を縛りかねないものになってしまいます。どんなときに絆が必要になるか、あるいはどこまでの範囲で絆を求めるか……それはさまざまな局面によって異なるはずです。でもいつの間にか、社会全体で盲目的な「絆」の大合唱が起きるようになり、「私は本来、絆を好まない」とか「これ以上の絆は重荷になります」なんて口に出すことが、はばかられるようになってしまいました。

よく考えてみてください。日本人はずっと自分の周囲の共同体を「大事にするもの」として挙げてきたのです。江戸時代は「お家」、つまり所属する藩でした。明治以降は「お国」、つまり国家です。そして戦後社会になって以降は「わが社」です。そしていまは「家族」になってきたというわけです。

安心な家庭もいっぱいあるのですが、厚生労働省の最新のデータによると、児童虐待の件数は二〇万五〇〇〇件です。家の中で性的虐待を受けたり、言葉の虐待を受けたりしている若者たちも多く、家は安心できる場所ではない人たちがいるということです。コロナ禍でステイホームと言われても、家が安心ではない人たちのことを忘れてはいけません。

絆は本来、馬や鷹などの家畜を立木につないでおくための綱のことを言いました。呪縛や束縛の意味にも使われてきました。また最近、絆は話題につながるための大切なものとされていますが、絆には落とし穴があることを忘れないようにしたいものです。

時と場合によっては、お家、お国、家族ほど、個人を振り回すものはありません。これらは、ある人には絶対的な位置を占めます。僕にとっても国家、諏訪中央病院、地域、家族は間違いなく大切なものですが、半面、人によってはこれに締めつけられることがあるのです。必ずしも個人を守ってくれるものではなく、ときに個人の生き方や自由に抵触する場合もあるのです。

でも、そんなことを口にしようものなら、「それを大切にできないなんてかわいそう」と憐れみの視線を向けられ、場合によっては爪弾きされかねません。

「あなたにとって大切なものは？」と問いかけられたら、どうして「自分自身です」という言葉が出てこないのでしょう。人間は誰しも、自分自身がいちばん大切なはずなのに……。

ここがキモです。僕は諏訪中央病院大好き人間、日本大好き人間、家族大好き人間でもありますが、「大切なのは自分自身」という意識がないと、すべてが上滑りしてしまうと考えています。

家族内の無意識の葛藤

「家族愛」を信じている方々に水を差すようで恐縮ですが、親子関係が個人の成長の〝邪魔〟になる場合もあります。

ドストエフスキーの有名な小説に『カラマーゾフの兄弟』があります。この小説の底流にあるテーマは「父親殺し」です。

強欲で好色な地主の父親と、四人の息子をめぐって、親子・兄弟・異性など複雑な人間関係がからみます。そして父親が殺されるのですが、父親殺しの嫌疑をかけられた長男の裁判がモチーフになっています。確かに、父親とソリが合わず、喧嘩ばかりしていた長男は、ついに父親の殺害を計画します。そして実際に父親は殺され、大金が盗まれてしまいます。当然のように長男が疑われるのですが、さて真犯人は……？

ネタバレを防ぐために細かなストーリーは割愛しますが、父と子、あるいは母と娘の葛藤と確執は、日本でも多くの小説のテーマになっています。つまりそれだけ、根深い問題だということです。

「エディプス・コンプレックス」という言葉があります。精神分析学の用語で、男の子が母親に性愛感情を抱き、父親に嫉妬するという無意識な葛藤の感情です。人間は乳幼児期から性愛衝動を持つとされていて、無意識に異性の親の愛情を得ようとし、同性の親に対しては嫉妬するのです。

つまり家族の中でも、親と子の無意識の性的葛藤が、それぞれの心の中でうごめいていることを忘れてはいけません。男の子は母親を愛し、父親に対して特別な抵抗感を持ったりします。女の子のエディプス・コンプレックスもあると言われています。我々は意識下の中で、同じ屋根の下で、性的な衝動がうごめいている生き物だということを忘れないようにしたいものです。

「毒親」に負けない孤独の世界をつくれ

新型コロナウイルスでステイホームと言われ、家庭の中での性的暴力も多くなっていると言われます。「家族だから安心」とたかをくくらず、家庭にもリスクがあると考えておくことです。同時にできるだけ早く、親は子どもが自分の人生を自由に生きられるように、ゆるやかに、少し早すぎるかと思えるくらいの段階で自立をさせ、自活の方法を教える必要があります。また夫婦も、それぞれが上手につながりながら、「ソロ活」ができる人間に成熟していくことによって、新しい家族の形ができていくのではないかと思っています。

自立をはばむ典型的な例が「毒親」でしょう。「毒」と比喩されるほどの悪影響を子どもに及ぼす親のことで、子どもが〝やっかいだ〟と感じるまでになってしまいます。総じてこういう親は自己愛が強く、その愛情を子どもに向け、過剰な期待を抱いて、結果的に子どもを束縛するのです。でも親はそれを悪いとは思っていません。むしろ「あなたのためよ」と、心底、子どものためを思っているのですが、子どもはその愛情を過剰に感じ、やっかいだと感じるのです。

親には親の人生があり、子どもには子どもの人生があるのですが、「毒親」と子どもの関係は、その境界線が曖昧なままになってしまうのです。

一人ひとりが「ソロ立ち」を意識すると楽になる

巷間に流布する「家族が大事」の大合唱には、こうした人間心理が反映されていません。それどころか、家族に対する批判は許されず、「日本には家族を憎む人なんているはずがない」という〝無批判〟が前提になっています。

そこで、家族という存在や、絆という言葉からいったん目を背けて、「自分」という存在を中心に考えてみてはいかがでしょうか。そうすれば、それまで「家族」の視線でしか見えなかったものと違うものが見えてくるはずです。それが「ソロ立ち」です。孤独が、それを後押しします。そして、孤独を身につけて自分の味方にすれば、自分自身の「意識」を確立することができます。すると、不安の多くは解消していきます。孤独のほうがむしろ、物事がうまくいったり、スムーズに運んだりすることもあるのです。

人生で成功した人や、人生強者が語る「孤独」は、普通の人にはなかなか思い通りに実践できないもの。「孤独な時間があったから成功したんだ」と、成功した人は語りますが、孤独だけが成功の原因では決してないはずです。

でも孤独の中には、隠されたパワーが込められていることは間違いありません。それを普通の人がやるには、まずソロ立ちから。

この考え方なら、誰でもできそうな気がします。特に六〇歳前後からは定年を迎えたり、人生の目標や生き方が変わったり、家族が縮小されたり、身の回りで大きな変化が起きてきます。つまり、人生の岐路に直面する六〇代からのソロ立ちが、とても大切だということです。

孤独の醍醐味は、束縛や忖度《そんたく》、しがらみから解放されることにつきる、そう思っています。それを証明するために、次の章では僕の生い立ちの話をすることにします。

第2章◎

群れない、束縛されない「ソロ活」のすすめ

子どもの頃から「ひとりでいたい」人間だった

僕は、実の親に捨てられ、養父母に拾ってもらって育てられました。この事実は中年になってわかったのですが、子どもの時分からいつも違和感を覚えていました。どう考えても、重い心臓病を患っている母親が「高齢で僕を産めたのだろうか」という思いや、「似てないなあ」「考え方がまるで違うな」なんて考えていました。

養父母はとてもいい人たちでしたが、僕の中では「育ててもらっている」という意識が消えませんでした。だから無意識のうちに、いつも家族や周囲の目を気にして、「家族は大事」とか「仲間とはみんな一緒」ということを意識し、家族や仲間を大切にする「いい子」を演じていたように思います。

でも自分の中には、「ひとりでいたい」という思いが常に存在し、物思いにふけることが好きな子でした。東京・杉並区に住んでいた中学時代、家から歩いて一五分ほどのところにある妙法寺の裏に、ひとりでよく行きました。ここは名刹ですが、境内の裏にはお参りの人もほとんどやってこないのです。

「白蛇がいる」と大人たちから聞き、石の建物の空気を抜く穴を覗いて白蛇を探したことを覚えています。もちろん見つかりませんでした。ぼうっとしながら歩いているときの「蝉時雨」もよく覚えています。子どもながらに、自分の心の中を覗き込もうとしていたのでしょう。

そして、境内の石のベンチに座って、好きだった三好達治《みよしたつじ》の詩『測量船』を読みました。「甃《いし》のうへ」という詩があります。

あはれ花びらながれ
をみなごに花びらながれ
をみなごしめやかに語らひあゆみ
うららかに跫音《あしおと》空にながれ
をりふしに瞳をあげて
翳《かげ》りなきみ寺の春をすぎゆくなり

み寺の甍《いらか》みどりにうるほひ
廂《ひさし》々《びさし》に
風鐸《ふうたく》のすがたしづかなれば
ひとりなる
わが身の影をあゆまする甃《いし》のうへ

おそらく桜の花びらがひらひらと流れているのだと思います。なぜ「あはれ」なのかなあと考えながら、生きるというのはこういうことなのかなと感じていました。美しいことや楽しいことの裏側に、「諸行無常」を感じていたのです。

「をみなごしめやかに語らひあゆみ」、「ああ、この女の人はひとりじゃないんだ、女性同士で語らいあっている」。でも、そこに漂う寂寥感《せきりょうかん》……誰かがそばにいても哀れというものがあるんだと、なんとなく感じていました。

とはいえ、普段はみんなと一緒に何かをやるのが好きでした。でもその一方で、「あはれ」という感覚をいつも心の底に持っていたように思います。

「孤独」という言葉は英語では「Loneliness」「Solitude」の両方があります。孤立は「Social Isolation（ソーシャル・アイソレーション）」です。

僕が「ソロ活」「ソロ立ち」という場合、「さびしさ」の意味合いが強い「Loneliness」より「隔絶された」という意味合いが強い「Solitude」を意識しています。自分で意識的な隔絶「Solitude」をはかり、積極的に孤独を楽しもうとするものです。Enjoy Solitude、あえて孤独になってもOKなのです。

後で述べますが、実は「Loneliness」の「さびしい」「哀しい」という感情は、人間が生きていくうえで大切なものです。これらがなくなってしまったら、大切な経験を忘れていってしまうように思います。「Loneliness」の大切さを忘れないようにしたいと思って、僕は生きてきました。

水平的人間ではなく「垂直的人間」を目指した

その後、通った高校は都立の進学校でしたが、校風は自由放任でした。というのは、

「どうせ、時期が来たらみんな勉強するはずだ」と、先生たちはたかをくっていたからです。進学校の伝統というべきでしょうか、「必ず、時期が来たらやりだす」と信じていてくれたのです。

当時、僕は地下鉄東高円寺駅から一〇分ほどの「和田」という場所に住んでいました。東高円寺を通り越して、当時の国鉄高円寺駅の裏側に、汚いモルタルの建物のカフェがあり、僕はそこによく入り浸っていました。壁に蔦《つた》が這う、趣があるカフェでした。ここで沈没するか、妙法寺のお墓のあたりをうろうろするか、お金があるときは吉祥寺の三本立ての映画館に行くか、放課後の僕の行動はそのどれか。ひとり時間が欲しかったのです。お供は『田村隆一《たむらりゅういち》詩集』でした。

言葉のない世界は真昼の球体だ
おれは垂直的人間
言葉のない世界は正午の詩の世界だと
おれは水平的人間にとどまることはできない

言葉のない世界を発見するのだ　言葉を使って
真昼の球体を　正午の詩を
おれは垂直的人間
おれは水平的人間にとどまるわけにはいかない

自分は水平的に人とつながり、絆をつくっていくのがうまい人間であることをすでに意識しながら、孤独を愛してとんがっている「垂直的人間」を目指していたのです。もう、この頃からソロ活の芽生えがあったように思います。

でも世間一般では「孤独」を恐れます。群れから排除されて、孤立するかもしれないと、漠然とした恐怖感があるからです。だから皆「空気を読んで」、無理して他に合わせようとするのです。特に「同調圧力」が強い日本社会では、なおさらです。

でも、無理をして世間に付き合って軋轢《あつれき》の中で苦しむ必要はありません。どんなに努力しようと、どう転ぼうと、人生はなるようにしかならないのです。喜びも苦しみも噛み締めながら、無駄に力を込めずに、あるがまま受け入れることを覚悟すれば、人生は過ごしやすくなるはずです。「人間はどうせ、ひとりで生まれてひとりで死ぬんだから」というのが僕の持論。これを生き方にそのまま反映するのは難しいですが、こうした気持ちを忘れずにいれば、きっと人生は生きやすくなるはずです。

「ブレない生き方」を追求する「ソロ立ち」

つまり、孤独〝に〟生きるのではなく、孤独〝を〟生きるのだと考えてみたらどうでしょうか。例えば「自分勝手」と批判される人がいますが、よく考えれば「個を大事にして生きている」ということなのです。自分で判断し、自分らしく行動する。だから自分〝勝手〟なのです。

もちろん、程度の問題はあります。やはり周囲に明らかな〝迷惑〟をかけるのはよくないし、多大な〝不快感〟を持たせてはいけません。その線引きを自分の中で明確にしておく必要があります。でもその一方で、これからの時代を生き抜くには、あくまで自分を垂直に立たせて「個」で生きる強さを磨く必要があります。それは「ぶれない強さ」と言い換えることができます。それを支えるのが「ソロ立ち」です。

ソロという言葉には、「自分で選び取った」という意味が込められています。「孤独」というと、何か周りと疎遠になっているようなニュアンスが感じられないでもないですが、「ソロ立ち」は自分から意識的にひとりの時間をつくろうとしたり、ひとりになろうとしたりすること。その行動を通して、自分にあった「ちょうどいい孤独」を明確にしていく作業です。

コロナ禍で「自分との付き合い方」を学ぶ

新型コロナウイルスの世界的大流行を受けて提唱された新しい生活様式は、言ってみれば「個のすすめ」です。買い物も散歩も外食もひとり。人混みを避け、極力人に会わないことが求められる。そんな時代にこそ、ソロの大切さが身にしみたはずです。

これに対して、不自由、閉塞感がたまらない、つらい、さびしいなどの不満の声が多々あります。でも僕は、「ぶれない強さ」を鍛える絶好の機会だと思うのです。これまでの忙しい暮らしでなおざりにしてきた「自分との付き合い方」を学ぶチャンスだからです。

親や子がいようと、配偶者や友達がいようと、私たちはひとりです。みんな、ひとりで生まれて、ひとりで死ぬのです。私たちが普段、棚上げにしていたこの事実を、コロナという感染症のおかげで見つめ直すことができるのです。

ではなぜ、個を見つめ直さなければならないのか？　それは感染予防の観点から、やむなくひとりで行動することが強いられているからではありません。コロナ禍はきっかけに過ぎず、個として感じ、考え、発言し、行動できなければ、これからの時代を生き延びることはできない。ポストコロナは、そんな時代になっていくはずだからです。

ソロ生活の孤独が、僕の土台を育てた

思春期の頃から、孤独に生きたいという願望が強かった僕は、もしかしたら子ども

時代から、孤独の楽しみを感じ始めていたのかもしれません。「ソロ立ち」です。望まない孤独ではありません。周囲と疎遠になって「孤立」することではなく、自ら孤独をつくる「ソロ立ち」です。自分で意識してひとりの時間をつくり、ひとりになることで意志が鮮明になる。そこがいいなあと思っていました。

僕の家は、母親が重い心臓病で入院していることが多く、その入院費を稼ぐために、父親は夜遅くまで働き、いつも僕はひとりぼっち、孤独でした。

ひとりのさびしさを紛らわすために、友達を大事にしました。あるいは近所のおばさんたちにかわいがってもらって、時々ご飯を食べさせてもらっていました。孤独の時間を過ごしても、それは前向きな姿勢であるから、孤立はしないですみました。近所のおばさんや、年代が上の子どもや、同級生や下の子が、夕暮れまではごちゃ混ぜで遊ぶ時間があり、それが自分を支えてくれる時間だったと思います。

でも、自分ひとりでいる時間が長かったせいで、大人から監視されずに自分だけの判断で自分の時間を使えたのは幸いでした。「人間はひとりなんだ」という意識が強くなり、早くから独り立ちすることが自分の役割だと思っていたのです。

御飯時になると、みんなが家に帰っていく。僕も家に帰るが、テレビもなく、薄明かりの中で、じっと父の帰りを待つ。そんな僕の友達は「図書館の本」たちでした。

人生は思い通りにならない。だからこそ思い通りに生きればいい

担任の先生が、我が家の事情を察してくれ、僕だけには冊数制限もなく、特別に本を貸し出してくれたのです。夏休みも冬休みもどこにも行けない貧乏な幼少時代、それらの本を、繰り返し、繰り返し、読んだことをいまでも覚えています。自分のさびしさを自分で癒していたのだと思いますが、僕には「本」というかけがえのない友達がいて、決して孤独ではありませんでした。

そんな本たちが、僕の人生の土台をつくってくれたと実感しています。いや、人生を広げてくれたと感じています。そして僕は、とても好奇心の強い人間になっていきました。僕にとって本は、人生の土台をつくってくれただけでなく、人生の分かれ道

にさしかかったとき、「どう生きたらいいか」を指し示してくれたように思います。

そして本は、「人生は不条理だ」ということも教えてくれました。人生は思い通りにはいきません。それを感じたとき、「人は思い通りに生きればいいのだ」と、自分の思考を形づくれたのも、本を読んできたからだと思っています。

いわば僕は、本を読むことで、「孤独」の価値に気づくことができたのです。

青春の途上で「孤独」のあり方を考えた

僕は「集まって何かをする」という生き方をしてきましたが、もともと集団主義が好きなわけではありません。どこかで「ひとりでいたい」という思いが強かったことはすでに述べましたが、好き嫌いを別にして、みんなで何かをするのは得意だったように思います。

小学生の時代、町の野球チームができると、当時五年生だった僕は六年生主体のチームのキャプテンに選ばれました。たぶん、〝周りに気を配る〟子だったので、自分勝手にチームの和を乱さないと、みんなが思ってくれたからでしょう。

でも、どこか冷めている自分もいました。やはり「ひとり」の意識が強かったのでしょう。いま思えば、それは大学受験に一度失敗し、浪人したときの行動にも表れています。受験に失敗した同級生たちはみんな、駿台予備校御茶の水校に通ったのですが、僕はひとりだけ、四谷校に通ったのです。御茶の水校は建物も立派なのに比べ、その頃の四谷校は、壊れかかったようなビルの一角にありました。

なぜそうしたのか、明確な理由はありません。おそらく「ＩＱが低い」と意識していたからではないかと思います。仲間と同じ予備校に通えば、おそらく仲間とつるんでしまうでしょう。でも僕は、勉強するためには「ひとり時間をつくらなければならない」と考えていました。

ひとりっ子で親と会う時間も少なく、さびしさを癒してくれる友達は大事でしたが、人生を生き抜いていくためには、ひとり時間を大事にして、勉強に集中するほかなかったのです。

誰にも「自分時間」を邪魔させない

朝、四時半に起きて勉強するようにしました。夕方、友達の誘いはできるだけ断らず、夜まで一緒に遊びます。でも遊びっぱなしでは僕は受験を突破できない。そこで夜明けに勉強する時間をつくりました。

四谷の予備校には、御茶の水校の講師たちが順番に教えに来ることがわかっていて、内容はそれほど変わらないはずだという計算もありました。それ以上に、「自分時間」が大事。この頃、すでに自分の中でソロ活の意識が芽生えていたのだと思います。

早朝に一仕事こなすこの習慣は、その後、六〇歳頃まで続きました。医学の勉強にあてることもありましたが、詩を読んだり音楽を聴いたり、自分で文章を書いたり、自分流の孤独の時間をここにつくりました。このときに学んだ知識や、毎日考えていた世界観が、いまの僕を支えています。

こうして僕は千葉大学医学部、横浜市立大学医学部、東京医科歯科大学に合格することができました。ソロ活が成功したのです。大学卒業後も、同級生はほぼすべて大学の医局に入り、そこで研修や研究指導を受けて一人前になっていくのに、僕は大学の群れに属さず、地方の名もない病院に赴任することにしました。地方に旅立ったのは「医者がいないから来てくれ」と、大学の違う先輩たちから強く誘われたこともあります。でもそれ以上に、明確にソロで生きる決意をしたからです。

赴任した諏訪中央病院には、東京大学や信州大学など、異なる大学出身の先生が、それぞれエネルギッシュに個性的な仕事をしていて、ソロ好きの僕にはぴったり合っていました。それぞれが有能なソロでしたが、地域の健康を守ろう、病院をよくしようという方向性では目標が同じ。地域の人たちの健康環境を改善する運動などに一緒に取り組む同志を得ました。

個人個人がそれぞれの自分のポジションで自立しながら、ある目標に向かって手を携えていくこと。これは医師の世界だけでなく、どんな人にとっても心地よいものになるはずです。

僕のリーダー的ポジションは医師になってからも続き、三九歳で諏訪中央病院の院長になりました。病院には二〇歳も年上のベテランの先生がいたのに、病院を統括する茅野の市長は僕を院長に据えたのです。しかし病院内からも反対意見は出ませんでした。

それは「いい病院をつくりたい」と思っていた僕の姿勢をみんなが評価してくれたからだと勝手に思っていました。でも病院経営を成り立たせるには有能な人材が欠かせないし、働く場の空気が楽しくて、仕事が面白いと職員が感じられないと、人材は集まりません。そのためにはどうすればいいのか……。そんなことをいつも考えていました。

人生という「ひとり芝居」がある

人生は芝居にたとえることができます。いい芝居を発表するためには、いい主役や共演者、台本作家、監督が欠かせません。そのうえに大事な裏方さんがいて芝居が成り立つのです。

病院も家族も、芝居と同じような面があります。ともにいろいろな人たちが集まって、一つの芝居をつくっていく場です。病院経営で優秀なスタッフを集めるために、働きやすい環境をつくることに腐心しましたが、病院という舞台の中で与えられた役柄をソロで演じながら、ときにはシナリオを書き、物語をつくりながら、それぞれ関わる人たちが成長をしていく場と考えていたように思います。

そんな芝居づくりも面白かったのですが、やがて「ひとり芝居」に興味を持つようになりました。例えばマルセ太郎のひとり芝居。永六輔や立川談志も激賞していましたが、彼はもともとパントマイム俳優、ボードビリアンですが、自ら劇作家になってシナリオを書き、芝居を演じたのです。

それはまるで、スクリーンのない映画館で映画を見るような空間になっていました。僕が大好きなフェデリコ・フェリーニの『道』やマルセル・カルネ『天井桟敷《てんじょうさじき》の人々』、チャップリンの『ライムライト』、松本清張の『砂の器』などをマルセ太郎はひとり芝居で、見事に演じたのです。

みんなでつくる芝居もいいのですが、ひとり芝居は、僕自身のキャラクターに合っていると感じました。ベストセラーになった『がんばらない』は、そんな気持ちが根底にあったから書けた一冊かもしれません。これを書いたのは五〇歳のとき。NHKの「ラジオ深夜便」に出演した際、番組を聞いた編集者から「がんばらない」をテーマに本を書いて欲しいと頼まれたのがきっかけです。

当時は病院という集団の中で全力投球していたので、初めは断ったのですが、出版社の役員の方までお越しになり、「会社全体で応援しますからぜひ」と口説かれ、書くことにしたものです。おかげでベストセラーになり、二度にわたってテレビ化もされました。

つまり、いま流行りの言葉で言えば「みんな派」のように振る舞っていたのですが、人間はそんなに簡単ではありません。休火山の地下深くに、「ひとり派」の精神、ソロの時間を持ちたいという意識が、ふつふつとマグマのように煮えたぎっていました。それが『がんばらない』という一冊により実を結んだというわけです。

引き受けた以上、いい加減な原稿をお渡しするわけにはいきません。でも日中は病院の仕事で、とても執筆の時間など取れない。そこで朝四時半に起き、病院に行くまでの時間を、執筆時間にあてました。必死でしたが、僕の根底では、それが「心身ともにソロであること」の証明でした。それは僕にとって、決して譲れないものだったのです。

孤独と不安をごちゃ混ぜにするな

「個」を確立するために、孤独の中に身を置き、自分の価値を見つけ出していく作業を繰り返すことで、僕はぶれない価値観を形成していこうとしました。

人生の壁を打ち破っていくときも、スポーツアスリートとして成功していくときも、ビジネスマンでも物書きでも、孤独であることはマイナスにならないばかりか、強いパワーを生み出していくと思います。

先日、テニス界のスーパースター、大坂なおみ選手がうつ病だったことを告白しました。選手がコートに立ったら、コーチも手助けはできません。プレイヤーはひとりで敵と戦わなければならず、観客が味方になったり敵になったりする場合もあります。

そんな中で孤独に打ち勝つのは大変な作業だと思います。

かつて、ビヨン・ボルグという天才テニスプレイヤーがいました。ウィンブルドンで、なんと五連覇をしています。『ボルグ／マッケンロー』という映画を見ると、ボルグは絶えず自分を見つめ続けています。まるで修行僧のようです。これが彼の強さの源だったように思います。

五連覇目にはマッケンローが立ちはだかりますが、フルセットの末、マッケンローを打ち倒します。その翌年、再び両雄がウィンブルドンの決勝戦で相まみえます。ついにボルグが負けるときがきたのです。そして、二六歳という、テニスプレイヤーとしてはまだこれからのときに、彼は引退を表明するのです。

マッケンローは今回、大坂なおみの件に触れ、「若くして引退の道を選ばなければいいなあ。大坂なおみのためにも」とメッセージを寄せています。大坂なおみファンのためにも、彼女には、大好きなテニスを長く楽しんでもらいたいと思っています。

大事なことは、孤独と不安をごちゃ混ぜにしないことです。野球の試合で満塁のピンチに立たされたストッパーは、孤独の中でマウンドに立ち、敵の打者と立ち向かう。

ヒットを打たれたり、落ちるボールが暴投になってキャッチャーが後逸すれば、三塁ランナーがホームに入ってしまいます。

そんなギリギリの緊張と不安の中で、ストッパーは大事な一球を投げなければなりません。その不安をどうやって乗り越え、頼れるピッチャーになるか……。それは自分を見失わず、チームのためと同時に、自分の人生、自分の成功のために、その一球を信じて投げること。それが大事なのだと思います。

ラグビーの選手たちの心の健康調査をしたところ、思いの外、大きな不安を抱えていることがわかったそうです。あの屈強なラガーマンたちも、相手にタックルをしてぶつかり合うときに、けがの不安や、場合によっては脊椎損傷の危険などが頭をよぎるそうです。そんな不安と闘いながら、相手のタックルをかわして走り抜けていくのです。ラグビー戦士たちもみんな、不安の中で、孤独を武器に戦っているのです。

「ヤマアラシの哲学」に学ぶ

いかがでしょうか。ここまでお読みいただいて、「孤独」の有意義さに気がついていただけたでしょうか。その半面、「孤立」の怖さにも……。そこでこの章の最後に、ソーシャルディスタンス下での「孤立の防ぎ方」をお教えすることにします。

「ヤマアラシのジレンマ」という寓話があります。ドイツの哲学者ショーペンハウアーが唱えたもので、フロイトも心理学に応用したといわれています。

ヤマアラシは、寒いとかたまって過ごす習性があるのですが、みんなが鋭い針を持っているので、くっつくと痛い。やむなく離れると、今度は寒くてたまらなくなる。これが「ヤマアラシのジレンマ」です。

コロナ禍で「ソーシャルディスタンス」が叫ばれるいまも、これと同じかもしれません。人と人が接する機会が少なくなり、特に若者たちの出会いや、恋愛のチャンスが減り、少子化が加速しかねません。

こんなふうに物理的、肉体的な要因で少子化が進むというリスクと、ソーシャルディスタンスで出会いが少なくなって結婚数が減るというリスクがあります。

結婚して家族をもうけている場合でも、ステイホームで家族間のトラブルが急増しています。いままでは家族が顔を合わせる時間が短かったので、お互いが妥協していればうまくやっていけた。でも顔を合わせる時間が長くなって、これまで気にならなかった些細なことでも衝突するようになり、空気がとげとげしくなるのです。言わなくてもいいことまで言うようになって喧嘩が始まったりし、いやな気持ちをひきずったまま仕事に行って、職場でも言わなくていいことまで言ったり、激昂して怒鳴ってしまったり……。そんなコロナストレスもあって、地域や職場の雰囲気も荒くなっています。

しかし、それを繰り返していると、せっかく築いた人間関係が壊れてしまいます。孤独も大切ですが、かといって孤立してしまったら、元も子もないのです。ヤマアラシだってよく観察してみると、針を引っ込めたり、針のない頭をくっつけ合って、絶妙な距離感を保っています。

コロナ禍時代に「上手に距離を取る」七つのポイント

そこで僕は人間関係を大事に育てるために、「上手に相手と距離を取る」ポイントを七つ考えました。

1　相手の〝領域〟に過剰に侵入しないこと。

物理的なヤマアラシのジレンマに近いものですが、夫婦や親子でも過剰に相手の心理の中に入り込まないことが大切です。例えば、相手の職場で人間性にまで立ち入ったりするとトラブルの原因になります。「親しき仲にも礼儀あり」は、家族間にも当てはまります。仕事は仕事、家庭は家庭と、双方が割り切っていく必要があります。

2　チクチクを怖がらないこと。

針の痛みを強く感じたら少し離れるが、寒いとまたくっつく。ヤマアラシはその繰り返しをしているようです。痛みに怯《おび》えて距離を取ることだけを考えていれば穏便にすむかもしれませんが、人間同士が理解し合うには、時にはぶつかり合い、チクチクし合うことも大事なのです。「痛いなあ」と思ったら距離を保つ。そしてまたチクチクし合う。これを繰り返していると、絶妙な距離加減がわかってきます。

3　決して相手のせいにしないこと。

チクチクは痛いけれど、自分の針も相手に痛みを与えているかもしれないことを忘れないことです。相手の針がいやなら、自分も同じことをしていないか、よく考えてみることです。現代は、結婚した人の三分の一は離婚する時代です。それは相手の針だけを批判することにも原因があると、僕は考えています。自分の針が相手を傷つけることも知っていれば、必要以上に相手をつついたりしないものです。

4　失敗しても壁をつくらないこと。

人間関係に何度か失敗すると「もういいや」と壁をつくって諦めてしまいがちです。とても仲がよかった友人同士が「口もききたくない」と離れてしまうのは、多くがこのケースです。仲がいいほど、その傾向が強い。でも、相手にどこか好きな点があったからこそ仲よくなったはずです。もう一度初心に戻って、相手のいい点を見直してみる。友人関係でも恋愛でも、夫婦関係でも。近づいたときの気持ちを忘れないことが大事です。

5　自分と同時に相手のことも肯定する。

相手の欠点を認めたうえで、なおかつ肯定する姿勢が大事です。「あいつ、ちょっと棘《とげ》があるけど、そこが魅力的だな」と思えるようになると、とても魅力的な人間関係が築けるはずです。自分にも欠点があるように、相手にも欠点があるのが当たり前だと受け止めれば、チクチク刺してくる針の存在に気づきます。そんな針を持たない人間は、面白味に欠けるはずです。そこで一度、視野を広げて、「針も魅力の一つ」と思えばよいのです。

では、どうやったら血を流さずにお互いの針を認め合えるか。ヤマアラシがくっつくときは針を立てず、針を自分の体のほうに曲げます。上手に擦り寄って、突き合わないように工夫しているのです。

6　過剰に「いい子」にならないこと。

針にサックをかぶせたり、抜いてしまえば〝いい子〟になれます。世間はそれを「成長だ」と評価するかもしれませんが、それに惑わされないことです。むしろ、尖った針を温存しながら、どうしたら傷つけないですむか、その方法を学ぶこと。

それが真の成長というものです。

7 結局、「人間とは人間関係である」。

針を怖がって人間関係を壊してしまうのは愚の骨頂です。おたがいに鋭い針を持つことを前提で出来上がっている人間関係のほうが、刺激的だし魅力的です。

では、これらを実践するためにどうすればいいのか。一人ひとりが、ちゃんと自立していることが前提になります。「自分の生き方は自分で決める」という信念を持つことです。夫婦間、家族間、友人関係に距離があっていいのです。自分のことをよく知り、自分を見失わなければ、距離は弊害にはなりません。自分を知るためにあえて「孤独」に身を置く方法、それが僕のいう「ソロ活」です。

あらためて申し上げます。「孤独」とは、「単独で生きろ」という意味ではありません。夫婦でいても友人といても、お互いの距離を保って、個人としてきちんと存在し続けることが大事なのです。夫婦もソロ、成長したら子どももソロ、そんな形で家族がゆるやかにつながっていけば、おたがいが生きやすくなります。そして寒くなったらヤマアラシのように、上手に針を折りたたんでくっつき合う。いたずらに「離れろ」ではなく、「刺すこともある」ことを知って、どうすれば「血を流さずにくっつき合えるか」を考える。それが知恵というものなのです。

個性的な人間は皆、針を持っています。それを認め合うことが大事です。それがないと人間関係は面白いものにならないし、発展もしない。僕はそう考えています。

第3章◎

さびしいという孤独感を減らして「孤独力」を上げる

孤独は本物の伝染病

日本だけでなく、世界中が「孤独」に注目し始めています。近年、若者や女性の孤独・孤立の問題がクローズアップされることが多くなり、コロナ禍の影響もあって、関心はますます高まっています。

イギリスでは二〇一八年に孤独担当大臣のポストが新設され、「シルバーライン」と呼ばれるホットラインが設けられました。つながりの喪失で年間三六〇〇億円の損失。健康についても一〇年間で一人あたり九〇万円の医療費の増大になります。つながりの喪失は影響大なのです。孤独を感じる高齢者が電話をかけると、どんな話題でも、好きなだけ誰かと話すことができます。このホットラインには、毎週約一万件もの電話があるといいます。

二〇一九年の世界経済フォーラム（ダボス会議）でも、この問題が取り上げられました。日本政府も遅ればせながら対策に取り組み始め、イギリスに続いて「孤独・孤立対策担当大臣」のポストが設けられました。自殺防止や高齢者の見守り、子どもの貧困などの課題に取り組むことになっています。

アメリカ・イエール大学のローリー・サントス教授はそのダボス会議で、「孤独は本物の伝染病だ」と述べています。それを裏づけるように、全米の大学調査でも六〇％以上の学生が孤独を感じているそうです。イギリスでも一六歳から二四歳で四〇％、七〇歳以上の高齢者で四〇％が孤独を感じているのです。

日本でも、コロナ禍でむしろ若者の孤独感が強まっているというデータが出ていますが、そのほか、こんな意外なデータもあります。それは、既婚者のほうが孤独感が強いというもの。なるほどなあと思います。

ひとり暮らしをしている人は若い人から高齢者まで、むしろソロで生きてきているから、コロナ禍でソーシャルディスタンスといわれても、前の生活とそれほど変わらないので、さほど孤独を感じないのでしょう。一方、友達が多かった若い人は、彼らと会えなくてさびしいし、夫婦でも、コロナ禍で在宅時間が増えると、いままで暮らしていたときには気づかなかった距離感が意外に大きいと感じるようになって、孤独感が募るのかもしれません。

「望まない孤独」が急増している

僕は「孤独はいいもの、だけど消極的孤独はよくないもの」と色分けしています。

一般的に、孤独は主観的な感じ方のことで、自分が望んで得る「積極的孤独」と、やむなく孤独にならざるを得ない「消極的孤独」があります。これを「望まない孤独」とか「追い込まれ孤独」と呼ぶこともできます。

一方の「孤立」は客観的な事実のことですが、「孤独感」といった場合は、やむなく孤独になってしまう「消極的孤独」の色合いが濃く、むしろ「孤立」に近いと思っています。

以前は、リアルな世界における孤立が問題視されていましたが、いまはSNS上の孤立も問題になっています。SNSの世界で、一見、誰かとつながっているようでも、「孤立」は一向に癒されていないようです。

また、ひとりでいることのさびしさや哀しさが、次々に隣の人たちに伝染していく傾向も見られます。「孤立」による「孤独感」が広がっていくのです。

この連鎖をどこかで断ち切る必要があります。積極的孤独を大事にしながら、消極的孤独の伝染病にかからないようにすることが大事なのです。

僕自身は「個人主義を高めるのが大事」と考えてきたので、内心、「大きなお世話だ、そこまで国のお世話になりたくない」と思うこともあります。でもいまの社会において、これだけ「望まない孤独」に追い込まれている人たちが増えているという現状を無視するわけにはいきません。

もちろん、SNSのすべてが悪いわけではありません。使い方次第でSNSは毒にも薬にもなるのです。僕が住む長野県茅野市では、「スマートシティ」という国の制度に応募して、インターネットを活用して地域の祭りを復活させたり、環境保護活動や子育て支援などを通じて、世代を超えて孤立・孤独に対応しようとしています。こうした活動がもっと各地に広がって欲しいと思います。日本を含む先進国が孤独や孤立にどう対応していくか、いまは大事な岐路にさしかかっていると思います。

人生強者の「孤独のすすめ」に騙されない

友達から絶交されて傷ついている、失恋してどん底な気分を味わっている、DV（家庭内暴力）を受けていて居場所がない……。望まない形で追い込まれた孤独の中にいる人、例えば壮絶ないじめに遭って、首をつろうと思っている若者がいるのを見ると、僕は「人間の幸福ってなんなんだろう」と考えてしまいます。

「本当の幸福は孤独の中でしか得られない」と語った哲学者もいますが、これって本当なのでしょうか？

いま巷には「孤独のすすめ」関連の書籍が溢れていますが、僕は、安易にその風潮に乗っからないで欲しいと思っています。決して「孤独本」を批判するわけではありませんが、その多くは「人生で成功した人たち」「人生強者」の筆による人生論で、どちらかといえば〝強者の論理〟が展開されているからです。

生きるための指針としては大事です。でも深刻な社会的孤立や激しい孤独に悩む人たちには、あまり参考にならないと思うのは、医師である僕の偏見でしょうか。孤独感にさいなまれている人やＳＯＳを出す仲間がいない、貧困の中にいる人に、「孤独はいいもんだ」などと言い放つ勇気は、僕にはありません。

視点を移して考える

もともと非正規で食堂勤めをしていたけれど、コロナ禍の中で雇い止めに遭ってしまった初老の女性がいます。やむなく路上生活をせざるを得なくなり、「貯金を取り崩して、三〇〇円しかない」と悲痛な叫びをあげています。「孤独でもいい」と思って暮らしていたので友達も少ない、まして、親身になって助けてくれる仲間なんていません。

では、どうしたらいいのでしょうか。僕が住んでいる茅野市の隣に富士見町という場所がありますが、そこに「トップリバー」という農業生産法人があります。ここのレタスは実に美味しく、栽培を実践しながら技術や経営手法を教えてくれるところで、すでに七人が独立を果たしています。遊休農地解消に貢献しているので、地域も温かく迎えています。もちろん、短期アルバイトから始めることもできます。

こんなふうに、自分がいまいる地点から、他に視点を移して考えれば、新しい道が開けてくるはずです。茅野市には空き家もたくさんあり、働く場も探してくれます。例えば思い切って移住してしまおうと、発想を転換してみたらいかがでしょう。

僕だったら、どこへつながるかを考えてみます。インターネットでサポート活動をしている協会を探してみる。あるいは、「公益社団法人日本駆け込み寺」に電話してみます。住み込みで働かせてくれるところを探してみるようにします。

「孤独を目指し」ても、「孤立」してはいけません。孤独を望む中で、ほんの少しでもいいから、「助けたり、助けられたり」の関係を大事にすることです。

僕の知っている四〇代の女性は、水商売時代にはすごい人気者でしたが、思うところがあって北海道に移住し、住み込みで牧場で働き始めました。水商売からタクシーの運転手になった女性もいます。彼女たちは見知らぬ土地で、あっという間に「助けたり、助けられたり」の関係をつくっていきました。その秘訣は「生きるための大事な点にはつながろうとするけれど、余計な口出しはしない。自分は自分。他人は他人」。自分自身の孤独を大切にしているから、相手の孤独もよくわかるのです。おたがいを尊重できるので、いざというときに力になってくれる友人がつくれるのです。本当の孤独を知っている人たちは、たくましく生きていく力を持っているんだなと、僕は感心しました。

それでも「ひとりになりたい」感情はある

コロナ禍では「追い込まれ孤独」が急増しています。

内科外来をやっていると、そのストレスが原因である血圧上昇や、コロナうつも増えていることがわかります。すべての年代でウイルスが「不安」を拡散し、肉体、精神、そして経済的に強い影響を与えています。アルバイトができずに経済的に追い込まれた人たちも、急速に増えています。

苦しいでしょう。でも孤独や孤立を嘆いているだけでは、状況は好転しません。せめて立ち止まって、ステイホームやソーシャルディスタンスを逆手にとるように工夫してください。孤立しないように注意しながら「ソロ立ち」をして、コロナが終わった後の「ポストコロナ」の時代を想像してください。そこで「これから自分はどう生きていくのか」、自分に向き合ってみれば、「孤独」の時間も無駄にはならないはずです。「ひとり時間」を有効に活用して、新しい人生を構築していく。そんな形で、自分を見つめていく。それが「孤独を愛する」意味だと思います。

孤独への渇望感は「おなかがすいた」「のどが渇いた」「疲れた」という人間本来の感情です。時々、ひとりでいたい、ひとりになりたいという感情は誰もが感じるもので、決しておかしなことではないのです。

追い込まれ孤独は減らしたい

社会的孤立のせいで「追い込まれ孤独」になっているとしたら、これは放っておけません。精神面はともかく、社会的には、人は誰かとつながっていなくては生きていけません。それなのに孤立して、「望まない孤独」を強いられるのは不幸です。

国立社会保障・人口問題研究所の調査（二〇一七年度）は、孤立を測る指標として、「会話の頻度」「頼れる人がいるかどうか」「自分が手助けする相手がいるか」「社会活動に参加しているかどうか」などを挙げています。

それによると、会話の頻度が「二週間に一回以下」なのは六五歳以上の単身男性で一五・〇％。六五歳未満の単身男性の八・四％がこれに続きます。実に四人に一人が、他人とほとんど会話をしないで過ごしているということです。これ以下の現役年齢層でも単身男性は孤立しやすく、また、所得が低い層ほど孤立に陥る傾向があるといいます。

同じ単身高齢者でも、女性よりも男性のほうが孤立に陥りやすい傾向があります。よく言われるように、男性は長らく会社人間として家と会社の間を往復するだけの生活で、地域との関係を築くことがなく、近隣に友人がいない例が多いのです。定年で会社を離れると、途端に交流する相手がいなくなり、たちまち孤立してしまうということです。

未婚化の増加による孤立化も大問題です。二〇一五年に六五歳以上の男性に占める未婚者の割合は五・九％でしたが、二〇四〇年には一四・九％になると報告されています。未婚者には配偶者だけでなく子どももいないでしょうから、孤立のリスクは高まる一方です。日本は圧倒的な〝ひとり暮らし社会〟だということができるでしょう。

幸い、二〇一五年の「生活困窮者自立支援制度」施行以降、社会的孤立に関しては自治体などが幅広い相談に応じるようになりましたが、真のセーフティネットとして機能するまでには、まだ時間がかかりそうです。

日本はまもなく「七〇歳定年制」が現実になりそうで、特に単身者が多い都市部は、働きたい人材の宝庫になるはずです。働くことは、収入面でのメリットだけでなく、職場での人間関係の構築ができるので孤立防止につながります。相談窓口が増強、強化され、彼らに働き口を世話すれば、〝元気に働き続けられる社会〟が生まれるかもしれません。

また、地域のＮＰＯなどと協力して、地域に役立つ人材を活用するのも有効です。この結果、住民全体で地域を活性化し、楽しんで交流できる場づくりができれば、孤立化、つまり追い込まれ孤独の防止に役立つはずです。

家族がいても孤独や孤立のリスクはつきまとう

厚生労働省の『二〇一九年版国民生活基礎調査』によれば、単独世帯の数は年々増え続けており、すでに六五歳以上の高齢者世帯の四九・五％がひとり暮らしだというのです。内訳は、「男性のひとり暮らし」が一七・三％、女性のそれが三二・二％です。夫婦二人だけの世帯は四六・六％。「親と未婚の子の世帯」と「三世代世帯」は合わせても三・八％しかありません。

驚きの数字です。放っておくと「望まない孤独」がますます増えていく社会になります。一方、単身世帯だけでなく、家族がいても孤独を感じることがあります。ある女性雑誌のアンケート調査によれば、パートナーがいて仕事もしているけれど、「孤独を感じることがよくある」「たまにある」と回答した人が合計約四〇％いたそうです。

せっかくご飯をつくっても「美味しい」の言葉もなく、何かしてあげても「ありがとう」の言葉一つ言ってくれない夫……。なんのために主婦をやっているんだろうと考えてしまうこともあるでしょう。子どもはもう大きくなって巣立っていき、同じ屋根の下にいるのは夫婦二人だけ。ついついさびしさや孤独感が募ってきたり、満足感が得られないその気持ち、よくわかる気がします。

同居者はいても、男だってさびしさを感じることはあります。特に定年退職後のやりがいをなかなか見つけられない場合は、余計にその傾向が強まります。

しかも、おたがいに老いを感じるようになって心身が万全と感じられなくなると、余計に無口になってしまいます。そんな形で、体の不調が心のうつの呼び水になることもあります。完璧でない人間が、同じ屋根の下で暮らすので、ついつい孤独を感じてしまうのです。

かえってひとり暮らしなら、ひとりでいるのが当たり前になっているので、あまり孤独を感じなかったり、むしろ満足感が多いというデータもあります。

「ひとり暮らしは総体的に健康によくない」といわれますが、個別に考えた場合、すべて悪いわけではありません。医師の視点から見ると、納得できているかどうか、ひとり暮らしを楽しんでいるかどうか、そこが大事な点です。これこそが繰り返し述べてきた「孤独が持つ力」です。同居人がいようがいまいが、その力を意識していることが大事です。同居人がいても、いずれどちらかが先立ってしまうのです。結局、高齢期の闘いは最終的には〝個人戦〟。やはり「ソロ立ち」が必要なのです。

まずは居場所づくりから

すると「孤立」を防ぐために重要なのは、「自分にとって最適な関係性を構築できる能力」を持てるかどうかだということです。家族がいてもさびしさを感じる、ましてひとりになると、余計にさびしくなる。これを変えなければいけない。ひとり暮らしでもさびしくない生き方ができるはずだと、認識を改めなければいけないのです。

そのためには、孤独を積極的に生きる武器にしていく必要があります。

そこで僕からの提案です。先ほども述べたように、人間は社会とつながっていなければ生きていけないので、社会と上手につながり、困ったときに手を差し伸べてくれる友人を大切にしながら、ソロ活で自分自身の立ち位置を見極めること。それを大切に生きて欲しいと……。

「孤独感」は一生ついてくる問題ですが、心地よい人間関係やコミュニティーを構築できれば、人生の最期まで自分らしく幸せに生きることができるはずなのです。

最近ではこれをSNSに求める人もいますが、果たしてどうでしょう。

「SNSの世界は〝ふわっとしたつながり〟だからです」と、SNSで活躍するある人が教えてくれました。「どこか現実感がなく、本当につながってないから、心底、相手に心を許せない。だから孤独を感じる」というのです。そこで、本当の意味でつながっていて、心の底から楽しいと思えるような居場所や、心を許せる友達がいれば、彼らも安心するはずだと感じます。だから「リアルな世界での友達専用のアカウントをつくったりする」のだそうです。これはいい工夫です。

居場所をどうつくるかが問題です。

後述する「岩次郎の焼き鳥屋」は、孤独感を防ぐ居場所でした。行きたいときに行けばいいのです。行けばみんなが歓迎してくれる。そんな場所があるかどうかが、ひとり暮らしにとっては大事なのです。ひとり力を鍛えるにはまず、自分に合った居場所をつくることです。

僕の友人にソロキャンプをしている男がいます。最近はソロキャンプブームだそうです。若者から中年まで、世代を超えて流行っていると聞きました。ソロキャンプ女子もいるそうです。一人で焚き火をたいてご飯をつくり、星空を見上げてひとりでテントで寝る。それだけで元気になるというのです。自然とつながっているということが大きいと言います。

もう一つは、時には偶然隣同士になったキャンパーにつくりすぎたおかずをおすそ分けしたりすると、向こうでつくったおかずが半分届いたりする。それぞれのひとり時間を邪魔しない範囲で、ソロキャンプの知恵などを教え合ったりするそうです。だから孤立していないというのです。なるほどなあと思いました。

結婚しても孤独感はつきまとうこともある

見落としてはならないのは、家族やパートナーなどの有無にかかわらず、孤独や孤立のリスクはつきまとうという事実です。結婚していて子どもがいても友人がひとりもおらず、強い孤独感を抱えている人もいれば、独身だけど多様な人間関係を持ち、独自にコミュニティーをつくっている人もいるからです。また、「結婚すれば孤立せずにすむ」と考えがちですが、離別、死別の可能性は誰にもあります。

僕の患者さんの中に「結婚できなかったから自分は孤独だ」とか、「子どもを産まなかったので老後が不安です」と語る人がいます。結婚とか家族に強いこだわりを持っているために、孤独に苦しんでしまうのです。

でも、結婚したのに孤独な人も、家族がいるのに孤独な人もたくさんいます。配偶者だけでなく子どもにも先立たれ、家族じまいをせざるを得なくなった人もいます。

親からＤＶを受け続けてきたのに、虐待した当の親の介護が必要になり、「面倒なんかみたくない。そんな私はいけない人間なのか？」と悩んでいる例もあります。

ちなみに、現代社会では介護が必要になる年代は八〇代後半から九〇代が普通です。すると介護する側の子ども世代も六〇代から七〇代。つまり「老老介護」になるので、子どもも自分の老後で精一杯。もはや「子どもが親の老後をみる」という時代ではなくなっているように思います。

要するに、結婚していてもしていなくても、家族がいてもいなくても、孤独はなくならないということ。だとしたらもっと前向きな生き方を模索して、さびしさを癒す方法を考えるのが賢明です。「結婚が……」「子どもが……」なんて旧来型の価値観にとらわれない人こそ、孤独を楽しめる人。既成の常識にとらわれなければ、孤独を楽しめるようになります。

こんな形で僕は、「孤独感を手放す」ことをすすめています。それは、「自分ひとりではなく、誰でも孤独なんだ」という事実に気づくことでもあります。

ひとりで過ごす時間は、自分と向き合い、自分で自分を満たし、時間を有効に使えるようになるための、大切なひとときなのです。

孤独は健康に悪い？

認知症について研究しているロンドン大学のクラウディア・クーパー教授のグループは、認知症の発症を増やす要因として、「社会参加の乏しさ」が四一％、「対人接触の少なさ」五七％、「孤独感」五八％と報告しています。

また、先ほども紹介しましたが、アメリカのブリガムヤング大学の心理学教授であるジュリアン・ホルトランスタッド氏たちは、孤独感を引き起こす社会的つながりの少なさは、喫煙、飲酒、運動不足、肥満よりも大きい短命リスクだと指摘しました。「孤独感」は、肥満の二倍もリスクが高く、ヘビースモーカーやアルコール依存症に匹敵するほどだと結論づけています。

そして、約三四〇万人のデータから、社会的なつながりを持つ人は、持たない人に比べて、早期死亡リスクが五〇％低下するというのです。

猿と同じように木の上で生活していた人間は進化して地上に降り、直立二足歩行を始めました。ライオンやヒョウ、象などの他の動物に比べ、圧倒的に弱い存在です。群れをつくるのも、生きるためです。

ですので、群れから離れて孤立すると、無意識のうちにストレスが生まれ、それが体内の「慢性炎症（低レベルだけど慢性的に長期間続く炎症）」を引き起こし、病気につながっていくのです。

つまり、孤独を感じるとストレスが高まり、慢性炎症を引き起こしやすくなって血圧を上げ、動脈硬化が起きやすくなるのです。その結果、心臓血管疾患や脳血管疾患が発症しやすくなり、免疫力が下がって、感染症にもかかりやすくなります。回り回って糖尿病やがん、うつ病なども発症しやすくなるということです。

「ひとりでいる力」は離婚を減らす

大切なのは信頼できる仲間を選ぶだけではありません。夫婦関係の見直しも大事になります。「ひとりでいる力」を育てないまま、「なんとなく」とか「さびしいから誰か一緒にいて欲しい」と、そんな思いで恋愛し、結婚すると持続が難しくなってしまいます。

そこでおたがいが、もっと「ひとりでいる力」を養成したらどうでしょう。「ひとり力」を養うソロ活です。

おたがいに完璧な人間なんているわけはない。誰でも欠点を持っています。欠点を持つ人間同士が一緒に生活するのです。だから厄介なのです。ぶつかり合うのが苦手で逃げてしまうと、アルコール依存症になったりします。結婚が原因でうつ病になる人もいます。

積極的にソロ立ちをした人は、ひとり時間を上手に使えます。自分のいい面も悪い面も、相手のいい面も悪い面もわかってきます。だからといって離婚がなくなるわけではないでしょうが、相手のいい面に注目し、「もうちょっと一緒に生きてみようか」と考え、安易な離婚を踏みとどまる可能性もあります。おたがいが積極的に「ひとり時間」をつくることで共感が生まれやすくなるのです。

例えば一年に一度、中高年向けの旅雑誌『ノジュール』を抱えてひとり旅をしてみるのもいい。それぞれが知らない街でひとりご飯をしている間に、相手が恋しくなるかもしれません。ステイホームと言われて離婚相談件数が増えました。一緒にいる時間が長くなったからです。ちょうどいいひとり時間をつくる工夫をしていくことが大切なのです。そのうちにだんだんそれぞれがちょうどいい孤独を生きられるようになっていくのです。

孤独を巧妙に手なずける考え方

孤独というのは、ひとりでいるから感じるものではなく、人がたくさんいるところにいるにもかかわらず、その人たちとの距離を感じるときに生じるものです。物理的な距離ではなく精神的な距離で、これが「社会的孤立」のもとになります。

では、精神的な距離とは何なのでしょうか？　それは、物理的に社会から〝疎外〟されているという「距離」の問題より、むしろ「周囲の誰も自分を理解してくれない」という不安の要素のほうが強いのではないかと思います。自分の考えを誰も認めてくれない、よかれと思ってやったことが誰からも評価されないなどの場合に、「自分はここにいていいんだろうか？」と不安になります。それが高じると人は孤独を感じるようになります。

ドイツの哲学者ショーペンハウアーの言葉にこんなものがあります。

「人間は孤独でいる限り、彼自身であり得るのだ。だから孤独を愛さない人間は、自由を愛さない人間にほかならぬ」

孤独を愛することこそが、真理を追求することにつながるというのです。これを敷衍《ふえん》して「孤高」と表現する人もいます。超然とした態度で理想を追い求めることですが、誰しもが真似できるものではありません。先ほど述べた「孤独のすすめ」本と同じで、「人生の強者」だからこそ到達できる境地。僕たちのような凡人で、いつも道に迷い続けている者には、あまり参考にならないかもしれません。

それでも、「孤独を前向きに受け止める」という姿勢には賛同します。後ろ向きの孤独は、一般に言われるように「さびしい」「哀しい」という感覚にとらわれ、内にこもってしまうこと。

それと対照的に、前向きな孤独は、あえてひとりになることで〝雑音〟をシャットアウトし、思考や人生に集中できるようになるのです。それが「ひとり時間を楽しむ」ことにつながります。

人生一〇〇年の時代になりました。長い人生の過程で、否応なくひとりで過ごす時間も増えてきます。そんなとき、孤独を前向きに捉えるか、後ろ向きに考えて意識を後退させてしまうか、その態度次第で人生の密度が変わってくるはずです。

もし孤独を感じたら、意識を何かに向けて、それに集中すればいいのです。それで「自分時間」を前向きなものに転換することができます。現代は常に誰かとコミュニケーションを取らなければならない社会です。その中で「自分時間」が持てるのは素晴らしいことなのです。

会社や家族のために働く時間だって、自分たちの意に反して奪われてしまうことがあります。孤独は「自分時間」を持つチャンス、そう思って孤独を楽しんでみてはいかがでしょうか。

ひとり時間を大切にしながら孤独感を大きくしない生き方

・自己肯定感を高める

これは僕の独断に過ぎませんが、さびしいという孤独感が強い人は自己肯定感が低く、自分に自信がない人に多いようです。「みんなは能力が高いのに自分だけが……」という劣等感です。自分で自分を〝褒めて〟あげられないので孤立感を覚え、それが孤独感につながっていきます。

では、なぜ自己肯定できないのか。それは何事もネガティブに捉える癖がついているから。つまりマイナス思考なのです。他人のちょっとした発言を過剰に意識して傷つき、「この人は自分を信じてくれていない」といった感情を抱く人がいますが、こんなときは、まず相手を信じることから始めましょう。これを人柄とか、人格と考えるとつらくなります。こういう癖がある、と考えるといいのです。癖なら直せばいいのです。人柄を直すのは難しくても癖なら直せます。難しいけど、絶対に直せます。そう思って生きてきました。自分のマイナスの癖を変えて生きてきました。

・嫉妬心を捨てる

嫉妬心や執着心が強い人も問題です。他人と自分を比べてしまう傾向が強く、孤独感を増幅させがちです。例えば知人が充実した生活をしていると、我が身に引き比べたくなってしまい、孤独感や寂寥感が増してくるのです。

・人と比較しない

人間はついつい他人と自分を比較する動物ですが、比較はあくまで比較でしかありません。たとえ、相手と比べて自分が優位と思えても、それで根本的な豊かさが得られるかというと、それは疑わしい。他人と比較することでは、根本的な不安解消やさびしさを消すことにつながらないと思います。心からの幸福感を味わいたかったら、やはり、自分の本質を磨くほかないのです。まして他人と比較してコンプレックスを感じるような場合だと、うつ症状の引き金になりかねません。他人と比べる癖を捨てて、別の方向に興味を向けることです。

・人に依存しない

また、執着心が強い傾向の人は、無意識に恋人や親に依存していることが多く、不安な気持ちにとらわれることが多いようです。執着心が強いゆえに、身近な人がいつも自分の側にいてくれるのが当たり前と考えてしまいます。しかし、恋人も親も、自分とは別の人格なのです。それを正しく見つめるよう、自分を変えていくしかありません。

孤独を大事にして「自分勝手」で生きよう

人と自分を比べると、どうしても劣等感にさいなまれたり、反対に優越感に浸ったりします。どちらも前向きな感情とは言えません。しかし、この「人と比べる」という心理を、完全に取り除くのは難しいのも事実。そこで、自分と他人を比べる癖をなくす心構えを考えてみましょう。

ローマ帝政初期のストア派の哲学者・政治家だったセネカは、「自分で自分のことをどう思うか。それは他人からどう思われるかよりも、はるかに重要である」という言葉を残しています。人と比べないで己と向き合うこと、それが自分を育てます。

・周囲からの評価を気にしないようにする

いわば「自分勝手のすすめ」です。「自分勝手」といっても〝他人のことはお構いなし〟というわけではありません。むしろ、他人を自分の世界からシャットアウトしてしまえということです。でも「そうすると友達に嫌われる」と反論されるかもしれません。しかし「友達」というのは本来、心から話し合える人のこと。そしてなんでも話せる。あるいは何か頼まれたら、万難を排してもそれにこたえる。そういう人は、生涯にひとりかふたりいれば十分。それが「つながる」ということだと思います。

僕も長野県の病院に赴任するとき、周囲から「あんな田舎の赤字病院なんかやめろ!」と、同期の医師の卵たちから、ずいぶん忠告されました。確かに〝あえて火中の栗を拾う〟といった感じなのですが、そもそも僕は出世や派閥といったものには興味がないし、医療という世界で自分の「やりたいことをしたい」という気持ちが強かったのです。

やりたいことがすべてできたわけではありませんが、仲間の医師たちと協力し、農村を回って健康増進運動を展開できたことは、僕の誇りになっています。その結果、当時は日本有数の〝短命県〟だった長野県は、いまや有数の〝長寿県〟になっているからです。

僕たちは子どもの頃から、学校では勉強や運動の優劣、社会に出れば会社名や年収、昇進など、いつも競争の世界で評価を受けながら暮らしています。でも、いつも他人からの評価を「自分を測るものさし」にしていたら、本当に自分がやりたいことができません。他人に〝多大な迷惑〟をかけない程度に、「自分勝手」に生きることをすすめます。

・他人との比較より、自分自身の満足感を大切にする

人間が幸せを感じるのは満足感を得たときです。例えば、スポーツでも学業でも、あるいは営業成績でも、自分自身が「やりきった」と思えれば満足感を得られます。一方、他人との競争の中で満足感が持てたとしても、それは長続きしません。しかも、絶えずライバルと「勝った、負けた」の競争をしていたら心が疲れてしまうのではな

いでしょうか。たとえいっときは勝ったとしても、次は抜き返されてしまうかもしれないと思ったら、心が休まりません。他人と比べて上位に立つことでやっと、自分の価値を実感するというのは、自分で自分を評価できない、自分の能力を信じられないという、「自信のなさ」の表れでもあるのです。

そこでいっそ「敵は自分自身にあり」と、目標をチェンジしてしまいましょう。人と比べるという「相対的評価」は捨てて、自分にとってのよろこび、やりがいは何かを考える。そんな「絶対的評価」の基準が持てれば、それは達成感、満足感につながっていくはずです。

・「誰かに褒めてもらいたくて」をやめよう

SNSでの「いいね！」欲しさに、見栄えのいい写真や華やかなシーンをアップする人は多いでしょう。その背景にあるのは「認めて欲しい」「褒めてもらいたい」という承認欲求の心理です。

自分の存在を認めて欲しいという欲求は、誰にでもあります。でも、それが強すぎると自分で自分が見えなくなって、少しでも失敗すると不安に陥ってしまうのです。

・不安を感じる〝時間〟そのものをなくす

不安や孤独感は、家などにひとりでいて、何もしていないときに感じることが多いようです。ひとりでいて心が動揺していると、心に不安がはびこる隙ができてしまいます。

そんな「空白の」時間をなくせば、不安を感じる瞬間も減っていくはず。そのためには、本気で打ち込める趣味などを持つことが大切。スポーツでも本でも、没頭できるものであれば何でもＯＫ。特に運動が最適です。体を動かすと頭の中が空っぽになって、不安な気持ちが消え飛んでいくはずです。

こんなふうに何かに夢中になることで、不安な気持ちを消し去ることができます。楽しいことや興奮するようなことがあればベストですが、必ずしもそうでなくてもいいと思います。「気晴《きば》らし」というと軽い感じがしますが、僕は「気を晴らす」と考えて、自分時間を充実させてきました。

要は何か別のことで頭をいっぱいにすればいいのです。いわば「気晴らし」ということかもしれませんが、これが心の隙間を埋め、不安の解消法になると思います。

孤独上手になる技術

孤独感の苦しみについては、「その孤独感を自分がいけないことだと思ってしまっているが原因」という説を唱える人もいます。

「いけないことだ」と思ってしまうと、「自分はダメな人間だ」とか「自分が孤独なのは、誰にも愛されていないからだ」などと、自分を批判のターゲットにしてしまいます。こうした自分自身がつくり出す負の感情が、ますます自分を追い込んでしまい、「孤立」になってしまうのです。

・一瞬だけ自分を〝甘やかす〟

そこで、自分を批判する代わりに、一瞬だけ自分を〝甘やかして〟みましょう。

「孤独は悪いことじゃないし、自分だけが孤独じゃないんだよ。つながりたいところでつながっていればいいんだ。孤立しなければなんとかなるさ」といった具合です。

・孤独の意味を考えてみる

ソロ活の本当の意味は、孤独の中でじっと耐えて、「自分と自分の周囲の〝音〟を聞く」ことです。あえて〝音〟と表現しましたが、要するに、いま自分を取り巻く環境が、自分の感情や思考、身体にどのような影響を及ぼしているのかを感じることです。ネット上の批判や生活の場でのうわさ話などを声として聞くと、心がつらくなってきます。音として捉えると、いやなことは雑音だと思って自分の心から消し去ってしまえばいいのです。じっと耳をすましていると、やがて、今後どんなふうにしていけばいいのかが、しっかりと見えてくると思います。心が落ち着けば、不安も孤独感も消えていくはずです。

・「孤独感は自然なもので、ずっと続くわけじゃない」と知る

不安感や孤独感とは不思議なもので、「これがずっと続く」と思うと、いつまでたっても消えません。しかし「明日のことはまた明日」と考えれば、翌朝、案外ケロッと起き上がることができるものです。「いつまでも続かないさ」と、無理にでも自分に思い込ませることが大切です。でも、不安感や孤独感を、長い間放置してしまうと、健康を害し、うつにつながる可能性があるので、恥ずかしがらずに、力になってくれ

そうな周囲の人たちに相談してみることも大事です。最低限、「孤立」しないように手を打っておくことです。場合によっては、早めにカウンセラーやメンタルヘルスの支援機関などに助けを求めることも有効です。恥ずかしがらないこと、そして怖がらないこと。早めに対処すれば、早めに泥沼から抜け出せるものです。

・相手に大事にされることばかりを望まない

「孤立」を防ぐためには、まず自分から相手を大事にする心を持つこと。しかも見返りを求めないという精神が大切です。不思議なことに、相手を大事にしていると、いつか大事にされるときがやってきます。知っている人にはもちろん、知らない人に対しても、相手を大事にするというのはとても大切なこと。これがソロ立ちの極意です。

そういう小さな行いが他人を喜ばせるだけでなく、自分自身の心に栄養を与えるきっかけになるのです。自分の心がけと行動次第で、孤立やマイナスの孤独感から逃れられます。

孤独上手になってくると「家族上手」になってきます。孤独を守るためにむすっとしていたり、人を拒絶するような空気を漂わせることがなくなって、むしろ微笑み名人になっていくはずです。微笑みの後ろに、自分のことをしっかりと守りきる強さが備わってくるはずです。人間との距離の取り方が上手になっていくとき、困っている人がいれば、自然に手を差し伸べてあげる。それでこそ、自分のひとり時間をきちっと守りきることができるはずです。孤独を守ろうと意識しすぎて自分の周りにトゲトゲした空気を漂わせては、孤独名人にはなれないでしょう。

頭の中で自分流を強く意識する

孤独力をアップして、ちょうどいい孤独に強くなるためには、自分は自分という意識を強く育てることが大事です。そのためにどうしたらいいかを考えてみました。

・**「感情日記」に一日の行動と感情を書き出して整理する**

「うれしかったこと」「つらかったこと」「悲しかったこと」など、今日一日や、出来事があった瞬間にどう感じたかを記す「感情日記」を書くようにするのです。

どんなに些細《ささい》なことでも構いません。よかった、頑張ったというポイントを見つけて、自分を褒めてあげると、「たまっていた感情が解放されて心が癒され、自律神経が活性化されて免疫機能がアップする」という研究結果もあります。また、いやなことがあった場合でも「感情日記」に書いてしまえば、そこで捨て去ってしまうことができます。これでぐっすり眠れるようになったり、不眠症が改善されるという報告もあります。

心が癒されれば、自信がよみがえってきます。大事なのは、人と比べることではなく、自分自身を肯定していくこと。そうすることで、不安や孤独感がなくなっていくはずなのです。

「書の詩人」「いのちの詩人」とも称され、詩集『にんげんだもの』などで知られる詩人で書家の相田みつをさんは、こんな言葉を残しました。

「他人のものさし自分のものさし それぞれ寸法がちがうんだな」

ここだけの話ですが、相田みつをは苦手です。うまいこと言うなといつも感心するのですが、うますぎて心に刺さらないことが多いです。でもこの言葉はちょっと気に入っています。

他人のものさしで自分を測っても正しく測れないし、自分のものさしで他人を測っても正しく測れないものなのです。「僕のものさしでは彼の書も彼の言葉も『お上手』」なんていうふうに鎌田流の「感情日記」では常に自分のものさしでものを見ようとします。この「感情日記」が繰り返されていくことで、その人の個性が生まれてくると思います。みんな一緒じゃなくていいのです。ものさしが違う、でいいのです。

ここまで書いてくると、少しだけ敬遠していた相田みつをとつながることができました。こんなふうに「感情日記」は批判したりつながったりします。自由奔放でいいのです。

自分のものさしで自分を測ることは、同時に、自分でも気づかなかった「内面の姿」を見直すきっかけになるはず。頭の中で自分流を強く意識する訓練を続けていくと、孤独力が増してきます。人間関係に負けたり、縛られたりしないだけではなく、コロナ禍という環境でも自分の命を守りながら自分流の生き方が的確にできるようになっていきます。自分と向き合う時間を上手につくり出していくことが大事です。

「自分のことは自分がいちばんわかっている」と思いがちですが、実は案外、自分のことをじっくり考える機会は少ないのです。

「感情日記」をつけるのが面倒なら、ノートや手帳に自分の長所を思いつく限り書き出してください。そこには、自分も知らなかった自分自身の姿が出ているはず。そんな自分のいいところを見つけて、それを伸ばすことに力を注げばいいのです。

これが大切なのは、「他人と自分」という相対評価から抜け出す手助けになるからです。自分を意識するところから「ちょうどいい孤独」に入っていく第一歩が始まります。

・目的を明確にし、「信念通りにできたか」を確認する

そして次の段階で、もう一歩、先に進みましょう。仕事や生活にあらかじめ目的を設定し、どの程度到達できたかを毎日確認していくことです。昨日より今日のほうがよくできたと思ったら、「自分で自分を褒めて」あげましょう。

ただし目標は、数字や順位といった、わかりやすい指標にしないでください。指標が示すのはあくまで結果でしかなく、そこに至るプロセスや〝思い〟などは反映されません。ですから、あくまで「目的」に対して自分がどう考えたか、間違っていなか

ったか、達成できたかなどの「信念」を自己評価してください。「自分がどうしてもやらなければならないこと」を明確にし、それを遂行しようとする「信念」です。目的が明らかになり、信念が固まれば、余計な雑念がなくなります。

「自分勝手」でいいのです。「これは！」と思えるものを続けていけば、人間は必ず成長していくものです。そして自分が成長すれば、結果は後からついてくるものです。

これはビジネスの世界で成功したり、人生を成功させるために提案しているのではありません。自分の身の回りに孤独をまとうために、人に合わせるのではなく自分の目的や自分の信念などを明確にすることがより孤独への道につながっていると考えているからです。

結果として、孤独を大切にしている人ほどやりたいことをやって、人生を成功させたり、ビジネスの世界で頭角を現したりする確率が高くなるのは当然のことだと思います。

積極的な孤独に入り込んでいくためには、自分を意識することが大事です。しかし、やがて孤独名人になっていくと「自分」という意識が溶解していきます。自分も他者も関係なく、最後は老子が言うように無為自然、何事もなさないでいながら、すべてのことをなしている状態になっていきます。自然とは「自ずから然《しか》り」です。他からの影響を一切受けることなく、自分がコントロールすることでもなく、あるがままに生きていけるようになります。こうやって、その人に合ったちょうどいい孤独を見つけていくことが大事なのです。

「自分のことをこの世の誰とも比べてはいけない。それは自分自身を侮辱する行為だ」と、ビル・ゲイツは語っています。

マイクロソフト社の創業者であり、世界一の資産家としても知られるビル・ゲイツは、プライベートでは徹底した倹約家としても知られています。大金持ちなのに飛行機はエコノミークラス。ホテルもスイートには宿泊しません。好物はファストフードというのですから、「質素」を絵に描いたような人物です。

しかし彼は、自分が運営する財団を通して、各方面に毎年、巨額の寄付を行っています。そこには「自分の資産は自分ひとりのものではなく、世界中の人たちが与えてくれたもの」という哲学がありそうです。こんな「自分勝手」なら、世界中が大歓迎です。

でもこれは、他人と比較せず、ぶれない孤独な生き方をしてきた彼だからこそ貫徹できるライフスタイル。だからこそ、彼の言葉は説得力を持つのだと思います。

孤独には大きなパワーがある

孤独な人間が持っているパワーがわかってくると、壁や権力などにぶつかっていく力がとてつもなく大きくなります。孤独な人間は時にユニークな行動をします。人間味が溢れてくるのです。たまには映画で孤独を学ぶ。芸術の中から孤独を学ぶのはとてもいいことだと思います。

スクリーンから伝わる絶望的な孤独感。『長距離ランナーの孤独』というイギリスの映画があります。

トニー・リチャードソン監督作品で、いまから六〇年前につくられた映画です。この映画は映像で孤独をひしひしと感じさせてくれます。

主人公は、とにかく足が速い。生きるためです。警察に追われ、必死に振り切ろうとするが、それでも捕まってしまった若者は少年院に送り込まれてしまいます。そしてパブリックスクールと少年院のクロスカントリーレースに駆り出されます。最後まで手に汗を握るデッドヒート、勝利を目前にしながら、とんでもないことが起きるのです。

一九六〇年代、フランスを中心としたヨーロッパ映画界にヌーベルヴァーグ（新しい波）という映画運動の波が押し寄せているとき、イギリスではフリーシネマ運動のアングリー・ヤングメン「怒れる若者たち」が新しい波を起こしていました。鬱屈《うっくつ》し、権力になびかない若者たちを描いた作品が数多く発表されました。スクリーンから、怒りを感じながら生きる熱い思いがひしひしと伝わってきますが、その向こうに広がる絶望的な孤独……映画ならではの孤独の表現に打ちのめされます。

第4章◎家族や集団の中でこそ「ソロ精神」を発揮しよう！

老いの孤独を遊ぶ

ビートルズのジョン・レノン、アップルをつくったスティーブ・ジョブズも、若い頃はみんな孤独でした。孤独だから天才が生まれたわけではないと思いますが、孤独な時間が、自分の中に埋もれている「何か」、自分も周囲も気づかない大切なものを引っ張りだすのではないかと、僕は考えています。

人間は動物学的には弱い存在です。だから人類が誕生したアフリカのサバンナで生き抜くために、家族をつくったり仲間が集まったりしてきました。だからソロになると、さびしさや哀しさ、孤独を感じてしまう。それは人間の本能といっていいかもしれません。

「孤立」や「孤食」など、「孤」という文字には、よくないイメージがつきまといますが、では、大勢で群れていれば幸せなのでしょうか？　価値観は人それぞれですが、孤独をむやみに恐れて逃げ続けるより、ひとりでも平気でいられるように、孤独を捉え直す必要があります。

僕自身も、もともと孤独を強く感じる人間でした。しかしあるときから、「孤独に耐えるよりは、孤独を遊べるようになったらいいな」と考えて生きるようにしてきました。

人間は年齢とともに、いろいろなものが失われていきます。定年退職で肩書きやポジションは失われ、名刺もなくなってしまう。出ていく会合の場も少なくなり、大切な友人を病気で失ったり、場合によっては家族が離散することだってあります。

でも年齢にかかわらず、孤独を楽しめる人と楽しめない人がいます。それは、こだわりや執着心が強いかどうかで決まってくるのです。それらが強いと、変化していく自分を受け止めることができず、孤独感に追い込まれてしまうのです。

こだわりや執着心が強いと、同じ年齢の人の活躍をうらやんで、「俺はダメだ」なんて他人と比べてしまいますが、所詮「他人は他人、自分は自分」なのです。そんなふうに自分流に割り切れる人は強いのです。

ひとり時間で人生の軌道修正

孤独な時間は、人生の軌道修正にうってつけです。ひとりになってじっと考えていると、人生の本質が見えてきます。誰かと一緒にいると、意識は自分自身より外側に向かいます。そんな状態だと、自分と向き合うことも難しい。しかし、ひとり時間なら、他人に影響されたり、誰かから制約を受けたりすることもなく、自分自身に意識を注ぐことができます。つまり、自分の考え方や行動、価値観などを見つめ直し、内面を磨く時間にすることができるのです。

つらい状況に陥ったとき、仲間とはしゃいで元気を取り戻すのもいいですが、仲間からちょっと離れてみると、人生の軌道修正がしやすくなります。仲間外れが怖くて自分を偽り続けていると、本当の自分を見失ってしまいかねません。本当の自分を取り戻すには、ひとりになる時間も必要なのです。じっとしていれば、自分の心の声に耳を傾けられ、ひとり時間で心が落ち着いてきます。

そして、本来の自分ときちんと向き合えるようになると、今度は自分自身を大事にしたいという気持ちが、自然と芽生えてくるはずです。「自分自身が幸せと感じられる瞬間は何か」に気づき、そのために何をしたらいいかが見えてくるからです。

これが「心に余裕が生まれる」ということです。「心が満たされる」と言い換えてもいいと思いますが、いままで無理していたことが無理でなくなり、これまで以上に、自分のことを好きになれるはずです。

孤独とは〝個〟を大切にすること

孤独とは、ひとりに戻って自分を見つめること、つまり〝個〟を大切にすることだと僕は考えています。そしてそれぞれが〝個〟を大切にする感覚を得られれば、家族や友人、パートナーなど、自分を取り巻くそれぞれの〝個〟も尊重できるようになるはずです。

いわば「ぼっち」のすすめです。前に僕は「気遣いのできる自分勝手」を推奨しましたが、「ぼっち」もこれと同じ。自分を取り巻くそれぞれの〝個〟を尊重しながら、マイペースで生きようとする人たちのことです。

「ぼっち」は、特にいまの若い世代に好感を持って迎えられています。この世代は、マイペースすぎるとか、何を考えているのか……、なんて批判されがちな世代ですが、彼らの「ベタベタとしない」カラッとした気質は、僕は好ましいと感じています。媚びへつらうことがないので、行動や思考が明確だからです。

彼らは、〝集団でつるんで〟〝空気を読み合う〟日本の環境に辟易しているのかもしれません。だからこそ「孤独を楽しめる人」になろうと思っている。「なぜ、ひとりでいてはいけないのか?」を真剣に考えるようになって、「孤独＝いけないこと」という先入観を持たなくなっているのです。

この志向が、今後の日本社会の仕組みを変えていくかもしれません。社会でも友人同士でも、あるいは職場でも、「べったりとくっつくのは暑苦しい」と感じる人が増えれば、「同調圧力」も減って、日本社会はもっとクールになるかもしれません。

孤独は人間の本能

そもそも人間は、社会の一部である前に自然の一部なのです。生まれるときもひとり、死ぬときもひとりです。本質的に孤独な存在です。ひとりでいたいという思いは誰にでもあるはずです。みんなでわさわさしながら楽しく過ごしてはいるけど、ひとりで音楽を聴きながら美味しいコーヒーをいれて、本を読みたいなと思ったり、窓の景色の変化をひとりでのんびり見ていたいときもあります。雨の音を聴きながら、ポツンとひとりでいる時間は、喜びの時間でもあります。孤独は人間の本能なのです。誰でも時々ひとりになりたいという気持ちは、どこかに潜んでいるのです。

もちろん、人とのつながりがあるからこそ豊かな人生を送れるのですが、それは、きちんとしたつながりをつくれた場合のこと。中途半端なつながりや、一方的に依存するだけのつながり、あるいは負担に感じるつながりでは、充足感は得られるはずがありません。

先ほども述べましたが、ネット社会では見知らぬ誰かと趣味や関心事を気軽に共有できます。それで受ける恩恵もありますが、その半面、「誰かと、いつもつながっていないとダメ」という強迫観念にかられがちになる。それが孤独感につながったりします。

でも、本当に大切な「つながり」って何なのでしょうか？　よくよく考えると、たいして重要ではないつながりが多いと気づくかもしれません。

職場の仲間、趣味のサークル、友人たち……、仲間が増えるほど、対応に費やす時間が膨らんでいきます。でも、そこから自分の中に残るものはそう多くない。気づけば誰かの愚痴を聞く相手になったり、第三者の悪口やうわさ話に首を突っ込むことになっていたなんてこともあります。そんなことをしているうちに、肝心の自分がどこかに飛んでいったりしていることもあります。

孤独は人間の本能だということを忘れないようにしたいものです。いらないつながりにてんてこ舞いさせられたり、いらないつながりに自分の大切な時間を奪われたりしないために、勇気を持っていくつかはつながりの断捨離《だんしゃり》をしてみるのもいいかもしれません。修行僧のようにすべてを断ち切る必要はないのです。でも大切な孤独の時間を邪魔するつながりもあります。時々つながりの大掃除をすることは大切だと思います。

他人と比べなければ「さびしさ地獄」に落ちない

さびしさ地獄にいる人の中には、人と比べて嫉妬心をたぎらせて、自分のつくった絶望の中にはまり込んでいる人がいます。人と比べないところに立てば、孤独の罠にはまらないようになります。

年配の人ならみんなご存じの俳優に藤村俊二《ふじむらしゅんじ》さんがいます。軽妙で洒脱なタッチの演技が得意な方で、愛称が「おひょいさん」。俳優業のかたわら、六本木で「オヒョイズ」というしゃれたバーを経営していたのですが、店にいやな客が来ると、ひょいっと逃げてしまうところから、このあだ名がついたそうです。僕は彼のバーに出かけたり、僕が晩年の父と暮らした「岩次郎小屋」に来てもらったりして、よく話したものです。

「僕は若い頃から、人と比べると不幸が始まると思って生きてきました」と、彼は言うのです。「人よりいい服が着たいとか、美味いものが食べたいとか、いい仕事がしたいとか思うこともあるけれど……」と前置きしたうえで、こう語ります。

「誰だって、誰かと比べたら物足りないし、比べ始めたらきりがない。でも、自分はこれで十分と思えば十分じゃないか。人と比べるより、自分の好きなものや、自分らしいものを大事にして生きるほうがずっと楽しい」

「おひょいさん」ならではの人生観です。人と比べて無理をしなければ、ありのままで生きていけます。「なるようにしかならない」と覚悟が決まります。すると「まあ、いいや」となって、執着がなくなります。そこで人間は、とっても自由になれます。

おひょいさんは、そんな生き方を徹底している人のようでした。

「比べない」は、とっても大事な生き方です。誰かと比べると、無駄な頑張りをしてしまう。比べない生き方をしていると、自分らしさが生まれてきます。それが個性。

個性を大事にしていれば、「自分時間」がイキイキしてきて、ソロ活もしやすくなるはずです。

積極的孤独のための行動変容

心理学用語に「行動変容」というものがあります。いままで何気なくやっていた行動を見直し、望ましくないパターンを減らして、望ましい行動パターンを増やしていこうというものです。自分でも気づかなかった「ダメな」部分を見直し、望ましい部分をちょっとずつ引き出していくことと考えればわかりやすいでしょう。

実は僕には行動変容の実体験があります。高校三年生のとき、医師になることを志し、朝四時半に起きて早朝の受験勉強に打ち込むことを、自分の課題にしたのです。前にも少し述べましたが、僕は友達の誘いを断れない性格なので、朝早くなら友達も「遊ぼう」と言ってこないだろうと思ったのです。いまから見ると、見事なソロ立ちでした。

幸い、僕にとって早起きはつらいものではなく、その後も早起きの習慣は続けることができ、この行動変容のおかげで医師の仕事のかたわら、何十冊もの本を書くことができました。

僕の場合は、早起きで行動パターンを変えて孤独な時間をつくったのですが、するといろいろなことが好転していきます。早起きでできた時間に、勉強だけでなく、詩や文章を書く習慣が身につきました。それがいまの僕を支えています。ソロ時間をつくっただけでライフスタイルが変わり、人生までもが変わったのです。

というのは、一つでも行動を変えられれば、自信が湧いてくるからです。自信がつけば、さらに大きな一歩を踏み出すことができます。そして小さな行動変容が積み重なると、驚くほど大きな変化をもたらします。

「ひとり時間」の鍛え方

生活習慣を少し変えて、自分流のひとり時間をつくってみてください。ここから行動変容は始まります。再三述べているように、ひとりで過ごす時間は自分を再発見するための時間であり、人生を豊かにするための糧になる時間だからです。

　でも、どんなふうに「ひとり時間」を過ごせばいいのか？　結論は「やりたいことを思う存分やってみる」「自分を解放して、より自由な自分になる」ということに尽きます。

　自分の思うように時間を使えるのは孤独の特権。食べたいもの、見たいもの、行ってみたい場所、誰にも気兼ねなく、思う存分やってみることをおすすめします。

　ノープランで知らない街に出かけてみるとか、読書や映画鑑賞を満喫する場合も、自分ひとりなら、時間を気にせずに楽しめます。ソロ立ちができてくると、楽しくなります。ウキウキしてきます。自分の好きなことをしているからです。人生二毛作、六〇代からの新しい人生はがんじがらめに束縛された生き方から解放されることです。

　自分がやりたかったことは何なのか、考えます。これが自分に向き合うということです。知らず知らずのうちに、ひとり時間が鍛えられていきます。そして、あなたは強くなります。面白い人間になれます。

　外から見ると不思議な人に見えるかもしれません。人によっては魅力的と思ってもらえるかもしれません。でも、そんなことは気にしなくていいのです。自分を大切にしながら、鍛えられていくと自分に対する意識も薄れていきます。あるがままを受け入れられるようになります。ひとり時間があなたをこうやって鍛えてくれるのです。

コロナ禍の影響で集団での飲酒が禁止されていても、「ソロ呑み」なら感染リスクを減らせます。行きつけの店があれば、ひとりで店に足を運ぶ意味を再確認することができます。

ひとり旅に出かけるのもいいでしょう。いつもの場所から抜け出して、景色や空気をがらりと変えてみるのです。ひとりなら、自分の好きなところへ行けるし、誰にも気を使わずに好きなだけ楽しめます。新しい発見に出会えるかもしれません。知らない土地を訪れることは、心だけでなく脳にもいい刺激を与えるはずです。

新しいことにチャレンジして自分を見つめる

ひとりは、何をするのも自由なので、誰かの予定に合わせなくてもすむし、誰にも迷惑をかけることもありません。新しいことにチャレンジするのも、自分の再発見に役立つはずです。

・あえて苦手な分野に挑戦して世界を広げる

例えば習い事や体験教室に参加してみるとか、あえて苦手な分野に挑戦して世界を広げてみるのです。いままで読む機会がなかったり、時間に追われてなかなか読めなかった古典や長編小説に挑戦し、知見を広めるのもいいと思います。「毎日この時間は読書の時間」と決めて、読み応えのある本に挑戦してみるのはいかがでしょうか。読了後の達成感もひとしおです。いま、丸山健二《まるやまけんじ》の『千日の瑠璃《るり》（上下巻）』を読んでいます。一〇〇〇ページを超える分厚さです。ページをくると、「私は砂漠だ」「私は洞窟だ」「私は巨星だ」「私は未来だ」なんていう言葉から始まる、何ものにも仕えない自由な物語が展開されていきます。わけがわからないところも多いのですが、読んでいると何か、胸にストンと落ちてくるものが出てくるのです。こうやってひとり時間が楽しくなってきました。

・ギャラリーや美術館でアートに触れる

僕の何よりのおすすめは、新しい世界と出会う気持ちで、ギャラリーや美術館でアートに触れることです。それもできれば現代アートがベター。アートの世界には決まり切った正解というものがありません。どう解釈しようと勝手なので、鑑賞者が自由に思いを巡らすことができます。それは心を解放するだけでなく、脳にも刺激を与えます。

他人と一緒だと、どうしても相手の意見が気になってしまいがちです。他人の考えに惑わされずに好きな作品と向き合うためにも、ひとりで行くのがおすすめです。所詮わけがわからないものが多いです。もしかしたら作者もわかっていないかもしれません。そこで、僕の好きなものはどの作品かと、考えるようにしています。その好きな作品を時間をかけて見るようにしています。それぞれ好きな作品は違うはずです。ほかの人がどう思おうと関係ないのです。六〇代からのソロ立ちはここから始めてもいいですね。とても簡単だからです。

僕の例をお話ししましょう。僕は六〇歳の頃、クリスチャン・ボルタンスキーという現代芸術家が気に入りました。新潟県の十日町で大地の芸術祭というのが行われ、彼の作品が展示されていたので見に行きました。「ノーマンズランド」という作品でしたが、廃棄された衣服を山盛りにしてクレーンがその衣服を釣り上げたり、降ろしたりしているのです。芸術祭が行われているホールの中庭をボルタンスキーの作品が全面支配していました。ボルタンスキーは常に他者の死と自分の死を意識して作品をつくっています。そこで僕は、それより一〇年ほど前に訪ねたアウシュビッツの収容所で見た光景を思い出しました。ボルタンスキーはユダヤ人なので、アウシュビッツを意識してこの作品をつくっていたのかもしれません。僕は勝手に現在という世界は、ユダヤ人だけではなく、すべての人にとってアウシュビッツになっていないだろうかと提示しているように思えてなりませんでした。

こんなふうに現代アートは勝手な解釈ができるので、「ちょうどいい孤独」の第一歩にはうってつけのように思います。

自分の好みは、ソロ立ちをしていくうえでとても大切です。

・アート関係の書籍や絵本のページを開く

美術館に行く余裕がない場合は、アート関係の書籍やレコードなど、自分の感性に響くものを手にとるのです。絵本大好きの僕は、絵本も同様におすすめします。

SNS上に溢れる情報にも有益なものはたくさんありますが、アナログ派の僕には、書籍や絵本、レコードの手触り、質感がたまらない。やっぱり写真やデザインは、紙で触れると違います。かっこいいなと思う洋雑誌やアート本を見つけたら、感性のおもむくままにジャケット買いしてしまいます。自分の好きなテイストだと、繰り返し眺めたくなります。そんなとき、頭の中は空っぽ。何も考えないで、ソロ活を楽しんでいる時間です。

・ミニシアターで「ソロシネマ」

映画好きなら、ミニシアターに行きましょう。僕も旅先で時間が空いたときなど、チャンスを見つけて、町の映画館に入り込みます。地方の映画館はどんどん閉館に追い込まれていますが、たまに見つけると一目散にチケット売り場に向かいます。まして自分好みの名作だったり、見逃してしまった作品などが上映されていたら、小躍りしたくなるほどうれしくなります。

大型のシネコンはひとりではちょっと入りにくいものですが、ミニシアターは僕と同じようなソロ客が多い場所です。そんな映画館を訪れている観客の姿を眺め、その人となりなどを想像してみるのも面白いものです。もちろん、余計なお世話なのですけどね……。

・古い映画から孤独の魅力を見つける

古い映画から孤独の魅力を見つけるのはいかがでしょう。昨今は動画配信で、無料で見られる名画が増えています。いい時代がやってきたと思います。その中で、女性の孤独感を「これでもか」と見せつけてくれるのが『ピアノ・レッスン』。素晴らしい作品です。カンヌ国際映画祭のパルムドール大賞を受賞しました。

別れた男との間にできた娘を連れて、スコットランドからニュージーランドに嫁いでいく女性が主人公ですが、相手の男はピアノを弾くことを認めてくれなかった。せっかくピアノを持って嫁いできたのに、海岸にピアノは打ち捨てられたまま。先住民マオリの男が、この女性に好意を寄せ、先住民の男が持つピアノと土地を交換します。

主人公エイダは、ピアノが弾きたくて、男に近づいていきます。ヒリヒリした孤独の中で、最後まで、とんでもないことが起き続けるのです。

ニュージーランドの孤島まで、ピアノを船に積んで、愛する男と旅立とうとするエイダ。しかしピアノの重さで船が傾き、ピアノを捨てざるを得なくなってしまうのです。海底の墓場にピアノが沈んでいく……音が存在しない海底の中で、まるで悲しげなピアノの音色が聞こえてくるようです。圧倒的な映像の力です。

主人公の女性はしゃべることができません。上手にコミュニケーションができない中で、それでも必死に生きていきます。深い孤独感に包まれながらも、決して負けない生き方を見事に見せてくれる、女性の孤独を描いた映画の最高傑作です。

・不要なものは迷わず手放す

不要な物を処分することで、気持ちを整理できることがあります。物を捨てていくと、自分自身と向き合っているような感覚を味わえるからです。また、身の回りを整理していると余計なことを考えずにすみ、余裕が生まれるかもしれません。同時に、物を捨てることで執着心がなくなる効果もあります。身も心も軽くなるおすすめのソロ活です。

ソロ活の仕方、ひとり時間の過ごし方は、これまでご紹介した以外も、たくさんの方法があるはずです。とにかく思いついたものから試してみてください。それを繰り返していくことで、「今度はあれをしてみよう」などと、自分流のソロ活を見つけられるようになるはずです。

誰かといたいときにだけ、誰かといればいいのだ

いかがでしょうか。ここまで「孤独」の大切さと、「孤立」の危うさについて述べてきました。孤独は自分を育てます。でも孤立は、自分の心の中に〝魔物〟を育て、その魔物が自分自身を破滅へと追い込んでしまいかねません。人間はもともと、孤立して生きる動物ではないからです。

だから僕はこう申し上げます。「もっと孤独になって、そして人とつながれ」と。

一見、矛盾しているように思うでしょう。でも、人生には「ひとりがいい」という場合と、「みんながいい」という場合があります。もし僕たちが「ひとりでも生きて

いける」というのなら、それは僕たちがそれでも生きていける場所にいるからなのです。「ひとり」と「みんな」、どちらが欠けても人は生きていけないし、また楽しい人生は送れません。大事なのは、「ひとり」と「みんな」のバランスをどうとるか、です。

面白い記事がありました。長編大作『失われた時を求めて』の著者であるマルセル・プルーストの交友関係のことです。一九世紀末から二〇世紀初頭にかけてフランスのパリで「ベル・エポック（よき時代）」と呼ばれた芸術・文化運動が花開きました。

この運動を代表する小説家のプルーストや詩人のポール・ヴァレリーらの創造性を育んだのが「孤独」だったと、ベル・エポックの芸術家に詳しいお茶の水女子大学の中村俊直名誉教授は語っています。

プルーストは『失われた時を求めて』の作品の大半を、パリのアパルトマンにあつらえた「コルク張りの部屋」で書いたと伝えられているそうです。この部屋は、外音を遮断してひとり「孤独」に執筆に没頭するためのものだったのです。かつて日本でも、売れっ子作家に原稿を執筆してもらうため、旅館やホテルに「缶詰め」にしたことがありますが、その源流は、フランスにあるのかもしれません。

しかし中村さんは「プルーストには社交家の面もあって、ずっと部屋にこもっていたわけではありません」とも語ります。作品を執筆するために孤独な時間に身を置きながら、一方では社交界の花形として活躍するという二面性……憧れます。

そもそもプルーストは裕福な家庭の生まれで潤沢な資産に恵まれ、幼少期からぜんそくの持病を抱えていたものの、生涯にわたって文学活動に専念できた人。だから若い頃から社交界に出入りし、そこで出会った人たちをモデルに『失われた時を求めて』を執筆したというのです。

でも、「本当に親しくなるのは決まった人だけ。人間関係は決して幅広くないけれど、濃密だった」と中村さんは分析しています。

人間は絶対的な孤独には耐えられないもので、必ず他者とのつながりを求めるもの。孤独な時間と、他人と交流する時間を使い分けるバランスが、創作活動の源になったのだとすると、とても興味深いと思います。

自分と向き合う技術を磨く

どんな人でも孤独を望む心を持っている。人間の本能と言ってもいいと思います。「自分だけが特別に孤独なんだ」なんて思うと、孤独というより孤立の落とし穴にはまっていって、自壊してしまいます。人生は孤独との闘いですが、心の底に孤独を望んでいる自分がいるので、始末に悪いのです。それを教えてくれたのが長年の友人のSさんです。

彼は五五歳のとき、若年性アルツハイマー病と診断されました。六七歳になったいまも、介護サービスを利用しながらひとり暮らしを続けています。認知症の当事者として、講演をすることもあります。

最近もらったメールには、「私のよろこび」というタイトルで、いくつかの事柄が箇条書きされていました。「そうだな、その通り」とうなずいたり、「僕だったらこう考えるな」と思いながら、引き込まれて読みました。Sさんは、こう書いています。

1　誰にも制約されず自由に生活できる

2　認知症、糖尿病以外の病気はなく、いたって健康である

認知症と糖尿病があったら、そのことで悩んでしまいがちですが、Ｓさんはとてもポジティブ。自分の「病気でないこと」に目を向けるというのは、自己肯定感につながっていると思います。

3　食事が美味しいと感じられる

4　生かされていることに感謝できる

食事が美味しいとか、行きたかったところへ行けたとか、ちょっとしたことを当たり前と思わず、そのよろこびに感謝することの大切さを、Ｓさんは教えてくれます。

5　たくさんの人に見守られている

ひとり暮らしの彼は、多くの人に見守られています。美術館へ行くのが好きですが、美術館好きの友達が付き添ってくれています。「人の世話になりたくない」という人がいますが、彼は積極的に人とつながって、必要なときには助けてもらっています。

6　たくさんのメル友がいる

7　自分には無限の可能性がある

8　未来は明るいと感じられる

彼は時々、お風呂の水を溢れさせたり、家への帰り道がわからなくなることがあります。ですが、認知症である自分がどこまでやれるか、毎日チャレンジし続けています。

画像入りで「二〇〇万歩達成しました」というメールも届きました。「五月の目標一五万歩に対して、五万歩多い二〇万歩、歩きました。頑張りました」というコメントがついています。

僕たちもコロナストレスで、心が弱りがちないま、Sさんの前向きさにならって、「私のよろこび」を書き出してみるのもいいかもしれません。壁にぶつかったときも、そのよろこびに気づくことで、危機を乗り越える力が湧いてくるものです。

認知症や糖尿病という持病を抱えていても、「それ以外の病気がないことをよろこぶ」。そうすれば人生が明るくなります。

「誰かのためにベスト3」などもいいと思います。「自分はこんな形で誰かの役に立っている」とか、「これから役に立ってみたい」というものを三つ挙げてみると、自分が存在している意味が見えてきます。

「自分が孤独の中で生き抜く武器三つ」などもいいと思います。例えば「自我が強い」こと。みんなが忖度する中で、「自分は自分」と言える人は、孤独への耐性が強くなってくるはずです。前に述べた「人と比べない力」なども「ひとり力」をアップさせるのに最適です。

参考までに、Sさんが送ってくれた「最近思うこと」をご紹介しましょう。「孤独耐性」を強め、「ひとり力」をアップさせるのに役立つはずです。

1　いろんなことに首を突っ込まない。本当にやりたいことだけする

2　余分なことをしている暇はない。残された時間は少ない

3　他人に多くのことを期待するのをやめよう。他人は自分のために生きているのではないから

老いのソロ立ち、見事だと思いませんか？　若年性の認知症は進行が速いといわれていますが、すでに診断されてから一二年。必要なときには誰かを頼る。ソロ立ちが彼を支えているような気がします。

「ひとり時間」を大切にすることは、自分を知るためのトレーニングなのかもしれません。僕たちがいまいる社会は、意識改革が必要なほどに混乱してしまっているので、そこで「自分」の現在地を明確にするためにも、ソロ活が必要になるのです。

第5章◎「老いの坂」を下りるスキルをどう身につけるか

孤独をしっかり生きている。でも「励まし」は欲しい

若年性アルツハイマー病のSさんから、またまたメールがきました。「励ましの言葉をください」というものでした。僕は、こんな返事を書きました。

「Sさんは本当によく頑張っています。やる気のないときや歩く気力のないときも、きっとあると思います。調子のよいときにちょっと散歩に出るだけでもよいのです。Sさんはいつも前向きです。それがいまのSさんをつくっているのだと、いつも感じさせられています。焦らず、頑張りすぎず、ゆっくりやりましょう。

さて、そんなSさんに質問があります。Sさんは人柄がいいので、応援してくれる人は、まわりにいっぱいいますね。そんな方々と一緒にいても、さびしさを感じることはありますか？」

そんな僕の質問に、「無性にさびしくなることがあります」と答えました。「ひとり

で暮らしていて、自分は自由なんだと感じますか？」という質問に、「自由であることを感じます。ひとり暮らしをしているとさびしいと感じることがあります。でも、いろいろ指図されることがないので、楽しく暮らしています」

こんな僕の質問で自分の内面を再発見するようになったのかもしれません。それから時々、電話が来るようになりました。たぶん、さびしいときなのでしょう。

「無性にさびしい」というSさんの言葉は、とても重いものです。認知症だからさびしさを感じているのではなく、人間というものの根源的な哀しみを、彼は感じているように思うのです。それにもかかわらず「自分という存在は、結局ひとりである」と感じて、前に進もうとしている。そんな強さが、彼にはあるように思います。

彼は孤独にしっかりと耐えています。でもまわりは彼を孤立させないことが大事なのです。ときどき美術館に一緒に行ってくれる人がいることや、話し相手が欲しいときに電話で話をする、僕のような存在も、孤立させないシステムのひとつになっています。これが大事なのです。

どんな人も、究極的には「ひとり」という命が生きているのだと思います。完全な孤独なんて、どう格好をつけても、あるわけはない。「孤独がいいんだ」という人でも、やはりどこかでつながって生きている。この行ったり来たりの現実が大事なのです。

だから「孤独はいいぞ」という言葉に騙されないこと、それを鵜呑みにしないことが大事です。それを語る有名人たちだって、どこかでみんなと上手につながって、本を書いたりテレビで発言したりしているのです。

孤独のいいところは間違いなくあります。だから孤独を上手に利用することです。あなたにとって「ちょうどいい孤独」を探すことが大事なのです。ちょうどいい孤独は人によって、それぞれ違うことを肝に銘じておきたいものです。

六五歳で家庭教師についた

僕は諏訪中央病院の名誉院長という職にあります。定期的に診療も担当していますが、やはり名誉職的な立場です。それに飽き足らず、もう一働きしたいという意欲が湧き上がってきたことがありました。「最後のご奉公」で、北海道の無医村か沖縄の離島で診療にあたりたいと思ったのです。ソロ活です。

でも医学の世界は日進月歩。無医村の診療所では医師が僕ひとりになるでしょう。いろいろな症状に対処するためには、錆びついた僕の医学知識をもう一度、最新のものにしなければなりません。そこで友人のY先生に家庭教師を仰ぐことにしました。

彼は関西の大学で教授経験を積んだ後、現在は福島医大会津若松医療センター総合診療科の教授として、若い医師や研修医たちを指導しています。彼が諏訪中央病院で指導医をしているとき、頼み込んで僕の家まで来ていただき、最新の治療のテーマを決めて、一月に一度、勉強会を開いてもらったのです。その指導の結果を自分の頭の中に叩き込んでいくという作業でしたが、すんなり頭の中に入っていかない。若い頃は乾いたスポンジが水を吸うように知識を吸収できましたが、いまは穴の開いたバケツのように、入れても、入れてもどこかから水漏れしてしまう。「年をとるって、こういうことなんだな」と、つくづく感じました。

その一方でO先生の在宅ケア診療に同行させていただき、在宅診療での薬の処方などの指導も受けました。諏訪中央病院で往診や緩和ケアの回診は続けていたのですが、再度、痛み止めの使い方などをシステマティックに頭に叩き込もうと思い、緩和ケア病棟のK部長（当時）からも指導を受けるなど、必死のソロ活準備を続けたのです。

謝礼代わりに、指導してくれる先生たちとときどき美味しいものを食べながら、「医学と経済」「医学と哲学」などをテーマにフリーディスカッションを行いました。病院の中ではとても持てない時間、脳の深みが増したような気がしました。頭の整理頭の整理もでき、気の合った仲間と美味しいものを突き合うことで、心が温かくなり、幸福感も満たされた思いがしたものです。

ただ結局、この無医村の医師誕生の夢は叶いませんでした。僕の就職先を探してくれていた、病院や福祉施設の投資専門家が金融の職を辞し、「地域包括ケア研究所」を設立したからです。急な話でした。彼はその傘下で七〇床を持つ「まちだ丘の上病院」という小さな病院を運営することになり、僕がそこの名誉院長と地域包括ケア研究所長に任命されました。

若い先生たちに指導を受け、新しい、いままで付き合ったことのないネットワークが張られました。少しでもソロ活をしていると、何かいいことが起きるのかもしれないのです。可能性が低くても、もう一度人の役に立ちたいという夢が持てるようになります。諦めさえしなければ叶えられるかもしれないのです。そう「Dream come True」……願い続ければ夢はいくつになっても実現できるはずです。

現実を受け止めるところから「ソロ立ち」が始まる

人間は否応なく年をとります。それを率直に受け止めて、では、どうやって晩年を幸福に過ごすかを考えることが大切です。

現実から目を背けないことです。体にも心にも生き方にも少しずつ問題が出てきます。それでもひとりでしっかり生きるという「ソロ立ち」の意識を持つことが大事です。

僕はいまでも、緩和ケア病棟の末期がんの患者さんたちへの回診を続けています。そろそろ引退を考えているのですが、幸いに、新しく変わった緩和ケアの部長も僕の回診を望んでくれました。患者さんに勇気を与えるのが僕の役割です。単刀直入に死の話もします。家族も医療者たちも触れにくいテーマでも、患者さんとわかり合えたなと思うと、「死のことをどう思ってますか?」などと聞いていきます。

僕がこう言うと、多くの患者さんは、このテーマから逃げません。「よく聞いてくれた、話したかったんだ」「わかってるよ、すべて。ちゃんと覚悟してる。そのための準備も実はしているんだ。もう一回家に帰れば、残された家族が生きやすいようにしてあげることができる」なんていう声が出てきます。

すると僕は、「毎日理学療法士に来てもらって、うちに帰るための体力づくりをしましょう」と応えます。患者さんはうれしそうに、にこにこします。「また来るね」と声をかけて、僕は病室をあとにします。僕の役割はパワーを注入すること、患者さんに生きるパワーを注入することだと考えています。別れるときに握手をします。「元気の素を入れたからね」と言って、おたがいににこっと笑います。

いくつになっても「ソロ」で好きなことをしよう

今回七三歳の誕生日に、運転免許証の書き換えのために眼科へ行きました。もともと本が好きで、高校のころからメガネを必要としていました。近視と乱視、それに最近は老眼が加わりました。視力測定では〇・九。無事三年間の運転免許証をもらいました。スピードが大好きなのです。スポーツカーの名車フェアレディZに乗ったり、マツダのロードスターに乗ったり、ポルシェの古い911に乗ったり……。

老いとともにいろいろな楽しみができなくなりつつありますが、スポーツカーとスキーはひとりで楽しめるので、僕にとっては大事なソロ活です。

今年の冬には、ニューモデルのフォルクルというスキー板の予約をしました。約一〇〇年続くドイツの老舗ブランド。チタンを使っていて、柔らかくて速いスキー板として定評があります。車ではそれほどスピードは出せませんが、スキーはスピード制限がありませんから、スピード狂を続けていきたいと考えています。

確かに、年をとると体がいうことをきかなくなるし、あちこちにガタがきます。男はできるだけ好きなことをしながら、人に頼らない生活をしましょう。奥さんや娘を頼りにしたりしないことです。女性も頼りない夫をあてにしたり、寄りかかったりしないことです。行き着くところまでソロ立ちをしながら、自立を目指し続けることが大事です。

そのためにはフレイル（加齢による心身の衰え）にならないよう「貯筋」を心がけ、「自分の年齢は、本当は二〇歳くらい若いんだ」と、自分自身にサバを読むのもいいと思います。「若見え」や、「自分は若い」と意識することは、健康な自立につながっていきます。何歳になっても、ソロで、好きなことをして生き抜くことが大事です。

「手抜きごはん」で悠々ソロ立ち

すでにひとり暮らしの人もいます。いまは夫婦二人で暮らしていても、いつかは必ずひとりになります。

自分より先に伴侶が亡くなるケースもあります。そんな場合、男性は相手のＳＯＳ信号をキャッチし、それに応えることができるでしょうか。男性としても、それに応えるだけのスキルを身につけておく必要があります。

それには、「夫婦定年」を考えて、自分のことは自分でできるように生活のためのスキルを磨いておくことです。

「夫婦定年」とは、男性が社会的な定年を迎えた後、家庭の中で妻に頼らずにすむように、パートナーに「家事の定年」をしてもらうことです。「濡れ落ち葉」や「かまって族」などにならなくてすむように、炊事洗濯、掃除など、どれかをバトンタッチしてもらうとよいですね。

でもそんなことを言うと、「カマタはどうなんだ」という声が聞こえてくるような気がします。カマタはまだ定年を迎えていません。五六歳のときに病院を早期退職しましたが、子どものころから好きだった原稿を書くという仕事に専念しました。月刊連載が一二本、それに一年六冊ほどの単行本の本作りが待っています。いまも六つの出版社の本つくりを並行しながら進めています。「老い」にも、コロナにも負けず、ソロ立ちをしているのです。

コロナの前は講演会が年間一〇〇回。ひとりで全国を飛び回っていました。秘書もマネジャーもいません。もともとソロが大好き。でもいまは講演会もありません。雑誌取材やラジオ出演、テレビはほとんどリモートですませています。カマタが物書きから引退したときには、集英社から出した『鎌田式健康手抜きごはん』にあるように、五分以内で簡単につくれるごはんのレシピを三〇ほど持っているので、「手抜き専門料理人」として、一丁前にソロ立ちができるはずと、自信満々でいます。

実は僕の息子が書店でこの本を見つけて、「これなら俺でもできる」と、中学一年生の孫娘と一緒に「今日はお母さんにラクをさせてあげよう」と、ごはんをつくりました。すると息子の妻から電話があって「この本のおかげで、家の空気がとてもよくなった」と報告がきました。「簡単で美味しかった」そうです。料理作りに参加しなかった息子の長男・中学三年生は、「今日の洗い物は僕がするよ」と申し出てくれたという、うれしい〝おまけ〟もつきました。

知人の女性に聞いたところ、夫が家庭にいるようになって妻が負担に感じるのは、昼食の準備だそうです。これがあるために、奥さんはそれまでやっていた習い事や地域交流がしにくくなってしまうという声もありました。ですからせめて、一日一食、昼食の支度は男性の分担としたらどうでしょうか。

僕の友人には、「朝食や昼食は自分の役割」と決めて、料理を楽しんでいる人もたくさんいます。「偉いね」と声をかけると、「いやあ、自分の好きなものが食べられるので、かえっていいですよ」という答えもあります。中には「男のほうが外で美味いものを食べてきたので、その気になればレパートリーも美味いものが多いですよ」と、自慢げに語る人もいます。でも僕は、まだそれを味わう機会に恵まれていないので、真偽のほどは定かでありません。

岩次郎のソロ立ち

考えてみれば、家族だって親友だって、もしかしたら先に旅立ってしまうかもしれません。その喪失感を補ってくれるのが「ゆる友」です。

僕の母は心臓病を抱えていました。病弱でした。そのうえに脳梗塞を起こし、突然亡くなりました。そのとき、父・岩次郎は六〇代後半でした。すでに僕は東京から長野に医師として赴任していたので、岩次郎はひとり暮らしになりました。

岩次郎のひとり暮らしを支えていたのは、猫でした。三匹の猫をかわいがっていました。昔世話した若い人たちがやってきて、父と麻雀をしてくれていました。この麻雀は父にとってとても楽しい時間だったと思います。本当の親友は青森にいました。幼馴染《おさななじみ》です。東京にやってくると、岩次郎の家に何日か泊まっていきました。岩次郎にとって幸せな時間だったと思います。

僕の親友は中学校の同級生です。父がひとりで住む実家の隣町に住んでいます。僕にとっていちばん大切な親友は、父のさびしさを察して、電話をしてくれたり、夕食に誘ってくれたりしました。

あるとき、岩次郎にとっての「ゆる友」を発見しました。僕は東京で学会があったために、父の家から学会に通ったのです。そんなときに父が夜、焼き鳥屋に行こうと言い出しました。環七通りに面したカウンターだけの小さな店でした。入っていくと、店主だけでなくお客さんから「鎌田さん、元気？」と方々から声がかかります。岩次郎は孤独に強い人だったと思います。それでも上手にゆる友がいる生活を、自分自身でつくり上げていたのです。大したものだなと思いました。

僕は諏訪中央病院の土台をつくり終えたら、アフリカで地域医療をするために移住するつもりでいたのですが、岩次郎と血がつながっていないことがわかり、彼と一緒にもう一度生活をしないといけないと思いました。そこで岩次郎小屋という丸太小屋を建てました。

父が七八歳のとき、東京から僕のところに引っ越してきました。母が早く死んだとき、東京と茅野の中間の八王子に墓を建てたりして、父も息子の僕もそれぞれソロ立ちを目指していたのですが、家族と血がつながっていないという事実により事態が急展開しました。この人の恩に報いなければならないと思ったのです。僕も父も孤独に強いし、好んでいたと思います。

僕も父と一緒で孤独を好んでいるにもかかわらず、いつもいい仲間がいました。父とは血がつながっていなくとも父の生活を見ながら学んでいたのかもしれません。ひとりでいること、孤独を恐れないこと、でもゆるやかな仲間はいること……。

父が七八歳で茅野へ来て、この土地に慣れるかどうか、マイナスが大きいのではないかと心配していましたが、地域のゲートボールの仲間に入れてもらい、そのうちゲートボールのリーダーになって、対外試合で優勝するようにもなりました。岩次郎はソロ立ちしながらも、ゆる友づくりの名人だったように思います。

スキー場で老いのソロ活

親友とは、自分の内面の葛藤や、墓場にまで持っていくような真剣な告白などもできますし、議論をして知的好奇心を満足させることもできます。でもいつも、いつも、そうしていたら、おたがいが疲れてしまいます。親友と会うのはほどほどでいいのです。ゆる友はこちらにとって都合がいいのではなくて、おたがいにとってゆる友がいるというのが大事なことなのです。

僕は冬になると延べ六〇日スキーをします。朝一番にスキー場に行くと、二〇人くらいの定年退職をしたと思われる人たちと、ゴンドラ乗り場で会います。コロナがなかったときは、ゴンドラの中でよもやま話、スキーの話に花を咲かせました。ゴンドラを降りてしまえば、あとは自分流のスキーにのめり込みます。相手の滑りぶりにはちょっかいを出しません。スキーはナルシズムのかたまりなので、みんな自分がいちばんうまいと思い込んでいるのです。

いつも見かける赤いスキーウエアのおじさんが来なくなると、心配になります。病気でもしたのだろうかと。

でもしばらくして、赤いスキーウエアを駐車場で見たときは、とてもうれしくなりました。「おはよう」の挨拶をします。「心配してたよ」と言うと、「急な仕事ができてね……」。そんな会話ができることがとても大事なのです。

こんな良好な人間関係は、やはり自らの手でつくり上げるしかありません。いくら、こちらが「ゆる友」になりたいと望んでも、相手をその気にさせなければ、関係は発展しません。相手に「つながりを持ちたい」と思わせられるかどうかは、当人の魅力と、それを伝えられるコミュニケーション力にかかっているのです。

ソロ立ちすると、凄みが出る

僕は色紙を頼まれると、「あるがままを生きる」とよく書きます。「あるがまま」とは「無為」「無邪気」の精神で、「無為」とは「何もしない」ということではなく「自然に反した余計なことはしない」という意味、「無邪気」は「邪気がない」、つまり「余計なことは考えない」ということです。僕は、そう生きていきたいと願っています。

僕の病院に、筋肉が萎縮する進行性難病で通院してきた患者さんがいました。全身の筋力が急速に低下してしまう原因不明の病気です。彼は将来を嘱望された陶芸家ですが、手は肩から上に上がらないし、食事もままなりません。おにぎりをほおばるときは、膝で肘を押し上げ、口元まで運ぶ。作品をつくる際もサポートがいります。

でも、病を得てから彼の作品は凄みを増してきた、という声が強いのです。

「こだわりが消えたからでしょうかね。作品の使いやすさとか綺麗さは気にならなくなって、この作品を完成させることしか頭にないんです」

病気による不自由さが、彼の作品に凄みを出し、かえって自由な作風をもたらしたのです。体が不自由なので、「あれも、これも」という発想は捨てざるを得ません。そこで何を大切にするか、そこで凝縮された意識が作品に投影され、以前にも増して見事な作品を生み出しました。それは、彼が苦難を受け入れ、諦めずに、あるがままの生をまっとうしているからです。これも彼流のソロ立ちです。

人間は病気に限らず、自分の欠点を過剰に意識します。しかし、そう簡単に欠点は直りません。そればかりを気にしていると、自分自身を見失ってしまいます。欠点を気にするよりむしろ、限られた中に残された自分の持ち味をどう生かせるか、それを考えたほうがいいのです。

自分の持ち味を忘れないことが大切です。体が不自由になったら、その点を嘆くのではなく、その中で自分の個性をどう伸ばすかを考えることです。「なるようになるさ」と思えば心が自由になって、怖いものはなくなるはずです。そんな発想の転換をする時間が持てるのも、孤独の醍醐味なのです。

人生の最後の最後は「個人戦」

人間が健康でいるためには、生活習慣や食習慣、運動などに加えて、「人間関係も大事だ」と言われています。アメリカの国立健康統計センターによると、支え合えるパートナーがいる人、つまり既婚者の死亡率は、結婚経験のない人や離婚した人、配偶者と死別した人に比べて低いという結論を出しています。

しかし怖いことに、すべての結婚がいい人間関係につながるとは限らないのです。夫婦という人間関係は健康にいい結果をもたらすけれど、足を引っ張ることもあるのです。

つまり、結婚生活は「質」が大事だということです。ブリガムヤング大学の研究では、幸せな結婚生活を送っている人は、独身者より死亡率が低かったけれども、結婚生活がうまくいっていない人は、独身者より死亡率が高いという結果になりました。

コロナ禍でステイホームの時間が長くなり、イライラしたり、余計なことを言い合ったりして、ますますギスギスしてきた家庭もあるかと思います。一緒にやっていきたいという思いがあるのなら、相手の身になって、温かい言葉を掛け合うことが大事です。

また、結婚していても、していなくても、支え合える人がいるかどうか……ここが大事になります。結婚していなくても異性のよい友達に出会えたり、同性の友人が周囲にいれば、それだけで人生が素敵に彩られるはずです。

家族でもお金でもない「横のつながり」が孤独を癒すのです。人生一〇〇年時代、配偶者や子どもがいても最後はひとりになるケースが多いのです。人生の最後は「個人戦」だと覚悟しておきましょう。だからこそ、心地よい人間関係やコミュニティーを構築できれば、人生の最後まで自分らしく幸せに生きることができるはずです。家族の有無やお金の多寡は関係なく、自分の心がけと行動次第で孤立から逃れ、理想の関係性をつくることができるのです。この事実は、これから先の〝家族関係疎遠社会〟を生き抜くための希望になるものではないでしょうか。

ちょっとだけ人のために動いてみる

その背景にあるのは「他人への配慮」です。ハーバード大学は、五〇歳以上の約一万三〇〇〇人を四年間追跡調査した結果、ボランティア活動にまったく参加していなかった人に比べ、年間一〇〇時間以上参加していた人は、死亡リスクが四四％低いことがわかりました。週換算では、たった二時間でいいのです。

カーネギーメロン大学の研究でも、ボランティアをしている高齢者は、していない高齢者に比べ、高血圧リスクが四〇％も少ないと報告されています。

ボランティア活動は他者とのゆるやかな関係をつくると同時に、自分にやりがいや幸福感、困難に打ち克つ力をもたらしてくれます。

孤独を愛しているあなたでも、追い込まれ孤独になったりしないように、このゆるやかな関係は大事なのです。自分自身が自立し続けるために、ゆるやかな関係を少しだけ持つようにしてみてください。

コロナ禍で、他人との距離を取らなければならない時代ですが、こんなときにも、自立したひとりの人間として、周りの人間のために動いたり、役に立とうと心がけたり、優しい言葉をかけたりすることが大事だと思います。

例えば、困っている人にちょっと手を貸してあげれば、人とのつながりが感じられます。ここからコミュニケーションが始まって、ゆるやかな関係が生まれるかもしれません。重そうな荷物を運ぶのを手伝ったり、道案内をしてあげるなど、「ちょっとだけ」でいいのです。

とはいえ、これも程度問題。地域の絆が強すぎて個人の家庭に干渉する傾向があると、逆に抑うつ症状の発生率や死亡率が高いとも言われます。閉鎖的な雰囲気のところですと、地域のルールや慣習に縛られる圧迫がストレスを生み、かえって悪影響を及ぼしてしまうそうです。

ここは大事なところです。「絆」に騙されないことです。まず自分がしっかりとソロ立ちをして、自分の人生の主人公として自分らしく生きること。誰かに操作されたり、気兼ねをすることなく、六〇歳を過ぎたら、最後まで自分らしく生きることにこだわることが大事だと思います。

何度も言いますが、人生は個人戦。面白い人生にしていくためには、自立が大事。孤立はしないけど、常に自分にとって〝ちょうどいい孤独〟を見つけることが大事なのです。

「ひとり時間」を大切にして生きがいを見つける

僕も四七年間、地域で健康づくり運動をやってきました。僕が運動してきた長野のこの地域は、塩分過多、かつては冬になると新鮮な野菜は少なく、おしんこ文化が野放しで、脳卒中が異常に多く、膨れ上がる医療費に悩まされていました。減塩運動の効果もあって、地域の人たちの意識が改善され、いまでは平均寿命日本一になり、医療費も低い地域になっています。

そのデータを分析していると、意外なことがわかりました。野菜を食べることや減塩を心がけるよりも、もっとも効果があったのは「生きがい」だったことです。生きがいを支えているのは、小さな農業でした。八〇歳になっても八五歳になっても、小さな畑で作物をつくり、ＪＡに卸していたのです。

孤独にはリスクがつきまとうことを忘れないようにしたいものです。孤独の早期死亡リスクは肥満の二倍といわれています。孤独のほうがアルツハイマー病になるリスクが二倍という論文もあります。

それでも孤独の時間をつくり、ソロ立ちをし、自分らしくきちっと生きていくことの大切さは変わりありません。ただ、健康づくり運動を長年やってきた医者として、孤独にはリスクがあることをどうしても言っておきたかったのです。

ここまでは常識中の常識です。でも「社会とのつながりの多さ」が、もっとも健康寿命に影響を与えているのです。ということは、ソロ活でひとり時間を楽しむことで自立し、「ひとり時間」に強い人間になる一方、社会とのゆるやかなつながりを忘れないのが大事ということになります。

ひとり時間を大切にして、ジムに行って、もっと筋力強化をするときも、トレーナーと仲よくなって、よもやま話ができるようになったり、筋トレのテクニックを教えてもらえるような、いい人間関係が大切です。行きつけのレストランのシェフと仲よくなって、一言、二言、声を掛け合うのもとてもいいことです。

レストランで注文を取りに来てくれた店員さんと顔見知りになり、その店のメニューのおすすめを聞いたりできるようなゆるやかな人間関係が築ければ、よりいっそう、ひとり時間が充実します。

出家をしたり、山伏の修行に入る必要はありません。ひとり時間を重く考えすぎないことです。その重圧に押しつぶされたのでは何もなりません。ちょうどいい孤独を忘れないようにしたいものです。

特に還暦後、孤独に邁進するのではなく、孤独な時間を上手につくって、ソロ立ちをしながら自分の孤独を邪魔されない、ゆるやかなつながりを意識していくことが大事です。

「誰かといるのに孤独」なのは危険がいっぱい

東京医科歯科大学の研究では、ひとり暮らしで孤食（ひとりで食事）をしている男性は、誰かと一緒に食事をしている男性よりも死亡率が一・二倍高いことがわかりました。また、家族と一緒に暮らしていながら孤食をしている男性は、一・五倍と、さらに死亡率が高いといいます。

同じ孤独でも、ひとりでいる孤独のほうが死亡リスクが少なく、誰かといるはずなのに孤独になっているほうが、死亡リスクが上がるということです。

実は、孤独感が強いと、そのストレスによって体内で慢性炎症が発生し、血管系の疾患、例えば狭心症、脳血管疾患を発症するという研究結果があります。また、睡眠パターンが乱れ、免疫力が下がって感染症にかかりやすくなるため、肺炎など呼吸器系の疾患にかかってしまうという研究もあります。そのほか、糖尿病、がん、認知症、抑うつのリスクが高まるという研究もありますし、自殺を引き起こすという研究もあります。さまざまなメカニズムで、死亡に結びつくものと考えられます。

つまり、孤独なひとり時間を上手につくることは大事ですが、その一方で決して孤立しないこと。それが、うつや認知症、アルコール依存症を増やさないためにも重要になるのです。

誰でも「孤独名人」になれる

人間関係が希薄な人は孤独感に襲われやすいのはわかりますが、シカゴ大学教授で社会神経科学者の故ジョン・カシオッポ氏は二〇〇九年、孤独感は友人に伝染するという研究結果をまとめました。

もともと友人が少なく、孤独感を抱いている人ほど人間不信の感情が強く、数少ない友人との関係も断ち切ってしまう。するとその友人も孤独感にさいなまれ、同じことを繰り返すという負の連鎖が起こりやすいというのです。

確かに人間は、周囲の人の態度や行動から多大な影響を受けます。そのため、親しい人が孤独の状態に陥っていると、自分の気持ちも沈んでしまい、同じように孤独感を抱いてしまうのでは、と思います。

それに加え、日本では超高齢化社会の進展で独居高齢者の数が増えているので、より深刻なのかもしれません。ＯＥＣＤの調査などで、日本はひときわ社会的孤立者が多い国だとされています。

また、ＳＮＳに依存する傾向の強い人も孤独を感じやすいという研究結果もあるといいます。アメリカ・ピッツバーグ大学の研究者たちは二〇一七年、「ＳＮＳを一日に二時間以上使う人は、一日三〇分の人の二倍以上、社会的に孤立していると感じる可能性が高い」としています。

確かに、バーチャルな空間での交流に熱中すると、リアルな世界での人間関係が希薄になる可能性もあります。ＳＮＳは、現実の人間関係を補完するもので、それを主体にするのは考えものかもしれません。

見落としてはならないのは、家族やパートナーなどの有無にかかわらず、孤独や孤立のリスクはつきまとうという事実です。結婚していて子どもがいても友人がひとりもおらず、強い孤独感を抱えている人もいれば、独身だけど多様な人間関係を持ち、独自にコミュニティーをつくっている人もいるからです。また、相変わらず結婚すれば孤立せずにすむといった言説が多いですが、誰しも離死別をきっかけにシングルになる可能性は避けられません。

つまり、孤立を予防する大きな要素は、「自分にとって最適な関係性を構築できる能力」だといえるのです。

誰でも「孤独名人」になれるのです。カマタ流というのがあります。この本では、孤独の危険と魅力を語りながら、そのバランスの上で、どうしたら孤独名人になれるかを書き上げようと考えました。

ひとり力を鍛える健康ソロ活

コロナとの戦いも長期戦になってきました。僕の病院でも、内科外来で診ていると中高年の人たちの血圧が上がり出しています。ストレスが原因になっていると思います。

糖尿病の人も困っています。運動不足に加え、ストレスを緩和するために食べすぎてしまうので、体重のコントロールが難しくなっています。

コロナうつも広がってきています。中高年だけではありません。国立生育医療研究センターのデータによると、高校生の三〇％、中学生の二四％、小学校四年から六年生で一五％が、うつ症状にあるとされています。保護者の側でも、中等症以上のうつ症状が見られた人が二九％いたとされています。

閉塞感や鬱屈した気持ちが、多くの世代に広まっているのです。こんなとき、自分自身を強くするために、やるべきことがあります。

・太陽の光を浴びる

朝起きて太陽の光を浴びると、「セロトニン」が分泌されます。「幸せホルモン」と呼ばれる物質で、朝の太陽が睡眠・覚醒リズムを整えるのにとても大事。ステイホームでは夜更かしや昼夜逆転が起きやすい。朝、やる気が湧かない子どもや若者たちのリズムを整えてあげることも大事ですが、みんながソロ活をして、自分自身の健康は自分で守るという意識が大切なのです。

孤独を大事にしようと思ったとしても、部屋に閉じこもってはいけません。孤独を大事にしようとするからこそ、朝一度は太陽に当たること。それがよい孤独を持続させていくために大切なことです。ひきこもりは決して、よい孤独ではありません。

さて「幸せホルモン」セロトニンは、正確には「脳内物質」と呼ばれます。私たちの脳内には神経細胞が約一五〇億個あり、脳細胞から脳細胞への情報伝達に使われている物質を「脳内物質」といいますが、代表的なのがセロトニンとドーパミンです。

人は目標を達成しようと努力すると、ドーパミンという物質が分泌されます。これが脳に「やる気スイッチ」を入れ、〝戦闘モード〟に切り替えるのです。

新しいことに挑戦してライセンスを取ったり、人のために役立つボランティアに励んだり、筋トレなどに挑戦すると快感ホルモンのドーパミンが分泌されます。ちょうどいい孤独を目指して一人で地図を見て危険のない山を登り下りしたり、ジムへ行って少しずつ体重がコントロールされたり、筋肉が増えたりすると、このドーパミンが出るのです。快感につながるので「快感ホルモン」と呼ばれます。目標達成意欲をもたらすので、人間の活動には不可欠の物質ですが、行きすぎると〝暴走〟してしまい、依存症をつくったり、心身に負荷をかけてストレスの大きな原因になってしまうのです。

このドーパミンの暴走を防いでくれるのがセロトニン。脳は緊張やストレスを感じるとセロトニンを分泌します。セロトニンは神経の興奮を鎮め、興奮を抑えて心身をリラックスさせる物質で、自律神経のバランスを整える働きをし、やすらぎや穏やかな気分をもたらし、幸福感をもたらします。

孤独名人を目指したとしても、間違った孤独を目指すとひきこもりになったりしてしまいます。一見、自分は孤独な空間をつくったと考えても、それは長続きしません。長く孤独を目指すからこそ朝は太陽に当たりながら、一人で散歩をする習慣が大事なのです。

セロトニンを増やすには太陽の光を浴びるのが効果的なので、例えば天気のいい日に早起きして散歩するとよいと思います。

あるいは温泉に入ったり、リラックス効果のある体操などを行ったりするとセロトニンが増え、心が癒されていきます。

・軽い運動を続ける

ウォーキングやスクワット、かかと落としなど、軽い運動をして体を動かすこと、特にリズミカルな運動をすると、セロトニンが分泌されるのでおすすめです。

軽い運動は、ひとりでもできます。ひとり時間を大事にしながら、高齢が原因で起こる病気を予防するためにも役立ちます。

・生活不活発病に陥らないこと

ステイホームを間違って解釈して、生活不活発病にならないこと。とにかく体を動かし、道路でも電車の中でも、ジムでトレーニングしているつもりで、ながら運動を心がけることです。

・姿勢をよく保つ

人間は前かがみの姿勢でいると鬱々とした気分が広がっていくものです。若者でも、前かがみの姿勢だと頼りなさそうで、仕事ができそうに見えません。そこで背筋をまっすぐにするように意識をすること。姿勢が正しくなれば若々しく見えますし、気持ちもシャキッとして、セロトニンが分泌されやすくなります。ハツラツとした気分で過ごすのは、生きていくうえでも、ソロ活のためにも大事です。

・季節の変化に目を止める

日本は世界でも有数の季節変化に富んだ国。季節の移ろいを敏感に感じて、それに合わせた楽しみをつくっていくことです。雨なら雨に打たれた新緑の葉っぱの美しさに感動し、雨上がりに晴れ間が出てきたときの日の光に感動したりするのです。

鎌田式一汁一菜瞑想法

「孤独」の効果を高めるために、ひとり時間に自分とどう向き合ったらいいのか。効果的なのは坐禅や瞑想です。坐禅を組むことで、自分の心の内側を観察する（内省と言います）ことが上手にできる人がいます。坐禅の目的は、瞑想することで「いま、この瞬間」という一点に意識を集中させ、〝心の重荷〟を解き放つことにあります。これはセロトニン分泌を促し、心を穏やかにする効果があります。

でも僕は坐禅が性に合わないのです。邪念が多い人間なので、くだらないことばかり考えてしまい、瞑想やマインドフルネスなどが大の苦手なのです。

そこで、簡単にできる瞑想法として僕が編み出したのが「一汁一菜瞑想」。食べることに意識を集中させることで余計な雑音を捨て去る、手軽にできる方法です。

やり方は至極簡単。通常より少し早めに、夕暮れを眺めながら、テレビを消してご飯と味噌汁だけの一汁一菜の食事を摂るのです。ご飯を一口含み、お米の一粒、一粒を意識しながら食べていると、僕のような不埒《ふらち》な人間でも「いま、この瞬間」に集中することができるのです。

頭を空っぽにして、難しいことを考えない。案外、これは可能。というのは、年をとるごとに、ボーッとしている時間が増えてくるからです。ボーッとしているのが得意になったら老いのソロ活だと自分を評価してあげればいいのです。「いま、この瞬間」を難しく考えないで、僕は孤独をうまく味わっています。

ついでに申し上げると、坐禅を組んだ後は、きちんとストレッチをして、固まった関節や筋肉を、ゆるやかに解き放ってあげることを忘れないでください。

いくつになっても潜在的な欲望がうごめく

実は僕の「邪念」の正体の一部は、潜在的な「性衝動」（リビドー）です。精神分析の神様フロイトは、「本能」とか「エネルギー」の意味で、この言葉を使うこともあります。

「七三歳の自分に」そんな性衝動が浮かんでくるなんて……と思うこともありますが、「いくつになっても邪念があっていい」と、僕は自分に言い聞かせています。それが、生きるためのエネルギーのもとになっているはずだからです。

孤独とリビドーは密接に関係しています。リビドーには自分以外の対象に向けられる「対象リビドー＝人を愛するということ」と、もう一つは自分に向けられた「自我リビドー＝自己愛」があります。後者は「ナルシズム」と言ってもいいかもしれません。「自我リビドー」は、孤独の時間をつくりながらソロ立ちをしていくうえで、とても大切です。

対象リビドーと自我リビドーは、バランスの中で成立しています。対象リビドーが減少すると、自我リビドーが増大する。孤独な時間を持つと、自我リビドーが強くなっていきます。

七三歳になっても、対象リビドーも自我リビドーについても、自分は不安定な状況の中にあるなと思っています。だから瞑想も、マインドフルネスも苦手なんだと勝手に決めつけています。自我リビドーは「自我本能」とも呼ばれます。自分を愛することは、本能なのです。自分を愛さなければ、自分の本能を保つことができません。すべての生き物は、無意識の中で純粋に自分を愛し、自分を肯定して生きています。

老いの性は「生の本能」「死の本能」を目覚めさせる大切なもの

生の本能は「変わろうとする力」です。それをフロイトは「エロス」と表現しています。彼はアインシュタインとの間で往復書簡を交わしていますが、第一次世界大戦の足音が聞こえてくる中で、戦争を回避するには何が必要か……について、「生の本能、エロスだ」と述べています。

一方、心理学者のユングは、「リビドー」の意味を、フロイトのように「性衝動」

などの「生きる本能と性」に限定しないで、もっと広く「心的エネルギー」の意味を込めて使うことを提唱しています。

孤独でいることは、自我リビドーや「タナトス」という「死の本能」に目覚めていくことにもつながります。孤独の時間をつくりながらソロ立ちをしていくと、死が怖くなくなっていきます。そしてユングの言うように、心的エネルギーの強化が行われていきます。

邪念や雑念や煩悩があってもいいのです。それこそ、そこに老いを生き抜く力が宿ってくるのではないかと、自分に言い聞かせています。

老いの孤独は、認知症の発症を二倍増加させ、肥満よりも二倍、死亡リスクを高めるといわれています。このリスクを回避するには、ソロ立ちをして孤独の時間をつくるとき、自我リビドーという生きる力を上手に利用しながら、「自分らしくいること」をどれだけ楽しめるようになるかが、大事なところです。

人が「孤立している」と過剰な心配をしてくれたり、ひとり暮らしだったとしても、他人の目なんか気にせず、自分の中で幸せ感を持った孤独を楽しむことによって、いる幸せ感によって支えられています。他人の目を気にしないことです。

ジションは、ちっぽけなものです。物質や環境に負けない孤独は、自分自身が感じて

「本当の幸い」が理解できるようになると思います。ものや地位、人生で勝ち得たポ

「PPH（ピンピンヒラリ）」は「ソロ立ち」の基本

「PPH（ピンピンヒラリ）」という考え方を持ってやってきました。健康づくり運動の中で「PPK（ピンピンコロリ）」信仰というのがあります。「コロリ」と逝くよりは、老いの中で自らソロ立ちをした人たちは、「ヒラリ」と自分でこの世からあの世へと舞えるくらいの強い意志を持って生きる。そういう思いで、この言葉をつくりました。

「ピンピンヒラリ」を実現するためには、自立していることが大事です。肉体的にも精神的にも、です。この本を書いた理由は、ここにあります。

老いのソロ立ち、とても大事なことだと思います。前の項で「生きる力：リビド

ー」のことを語りました。「生きる本能」のことです。

人間には生きようとする生の本能と、死に向かう死の本能があるといわれています。フロイトは死の本能について「タナトス」という言葉を使いました。ギリシャ神話の死の神であるタナトスに由来しています。死へ向かおうとする欲望のことです。

僕は邪念の強い人間で、生への衝動も、死に向かおうとする欲望も、僕の頭の中で、煩悩のように走り回っています。僕の中にはいつも、死への本能がうごめいています。もちろん、自殺なんて考えていません。でも、いつでも死が来てもいいと思って強く生きています。

死の怖さから早く自由になろう

僕の中には「タナトス」、つまり死に向かう衝動があります。それは孤独の時間を生きてきたからだと思っています。一三八億年前、地球上に生物が誕生する以前、宇宙でビッグバンが起こり、星のかけらが生命をつくる原子になったのだと考えられています。地球の水辺で酸素や水素をはじめ、生命体の基礎として大事な役割をする窒素も、宇宙からやってきたはずです。

それらが集まって、奇跡のように、生命体の元であるアミノ酸が形成され、三八億年前、この地球上に「いのち」が生まれました。僕が死んだ後、僕を形成している原子が分かれ、その原子のいくつかはまた誰かに利用されて、新しい生命を生み出すはずです。

だから僕らが星を見ていて何か心が動かされるのは、僕らの体の一部が、あの星からやってきているからだと思います。そして、無生物から生まれた僕らは、無生物に戻りたいという欲望があるのです。僕の中にもそれがあることを察知しています。「無生物から無生物へ」なんて、とてもロマンがあります。無生物と無生物の間に、生物でいられるわずかな時間が、僕の「寿命」というものなのです。

孤独の時間を過ごすことで、自分なりに、死ぬことを恐れなくなりました。そして誰にも邪魔されない孤独な時間を大切に生きてきました。

次の人たちのために

老いのソロ立ちに入った人たちは、ポジションや物質的な成功を目指す必要はありません。老いの中でも、幸せ感を持ちながら、ピンピン、好きなときに好きなところに行き、好きなことをしながら、次の世代のためにという気持ちは持ち続けながら生きるといい。

「ジェネラティビティ」というのはエリクソンという心理学者の造語で、次の世代のために生きることを意味しますが、そうすることでオキシトシンが分泌され、少しずつ体が自由に動かなくなっても、「ジェネラティビティ」を意識することで、自分が生きている意味が見えてきます。

僕は緩和ケア病棟で回診を続けています。そのときにいつも患者さんの「ライフレビュー」というものにこだわっています。その人の人生を振り返ることです。人生を語ってもらいながら「楽しかったですか?」「つらかったですか?」「大変だったですね」とほんのわずかだけ、合いの手を入れます。そのうちに、「先生、面白かったよ、いい人生だった。満足だよ」とか、「大変だったけど、後悔はないよ」などと語ってくれます。それをご家族が聞いて、みんなうるっとしたり、うれしくなったりします。息子さんやお嫁さんに「よく看てくれてありがとう」お孫さんに「人生は大変だけど、面白いぞ。でも努力しないとな、その面白さがわからないんだ」なんて、農業をやり続けてきたおじいちゃんが、まるで哲学者のように、次の世代に言葉を残します。「ジェネラティビティ」です。

もちろん、自分の血筋だけでなく、地域の子どもや世界の子ども、次の若い世代のためということも大事です。ひとり時間を豊かに生き始めると、気がつかないうちに自立している自分に出会います。視野が広がって、前よりも優しくなります。怖いものが少しずつ減っていきます。

ちょうどいい孤独というのは、その人によって少し違いますが、必ず、自分に合ったものがあるはずです。「ここからが本番」です。孤独を上手に味方にする生き方というのがあるはずなのです。最後まで、誰にもわからない自分の心の中を成長させ続けることができるのです。

外からは見えません。でも自分の中ではわかるのです。時たま「生きる意味とは何か？」が見えそうになったり、「生きてるな」と思えるときが、一瞬、やってきます。一瞬、でいいのです。誰にもわからない、大切な一瞬です。他人の顔色や、他人がどう思うかなんて、気にしなくていいのです。老いのソロ立ちのために、自分だけの大切な孤独の時間を持ってください。

心を許せる誰かがいれば、人間は生きていける

ここまで、医師であるカマタが孤独とどう関わってきたかを書いてきました。医師である以上、脳科学や心理学、精神医学を土台にして孤独の魅力と孤独のリスクを語ってきました。ここでまた、カマタが大好きな映画から孤独をどう学ぶかに触れてみたいと思います。ちょっと一服という感じでお読みください。

タイトルはそのものズバリの『孤独のススメ』です。妻に先立たれた孤独な中年男を主人公に、二人の男性の奇妙な共同生活を描いたオランダ映画で、二〇一六年の作品です。

オランダの小さな田舎町で暮らす中年男性のフレッドは、愛する妻に先立たれ、たったひとりの息子は仲違いの末に家を出てしまい、孤独な毎日を過ごしています。ある日、彼の前にひとりの男が現れます。たずねても名乗らず、口もききません。男に庭仕事を手伝ってもらったフレッドは、家に入れて夕食を食べさせてやります。相手の男は穏やかな性格。フレッドは、行く場所がなさそうな男を引き留め、一晩泊めてあげることにします。こうして二人の奇妙な共同生活が始まりました。

自分が通っている教会のミサに男を連れて行き、フレッドが歌を歌うと、男はまるで指揮者のように両手を広げます。男にサッカーも教えてやります。

こんな具合に、二人の平穏な生活が続くのですが、周囲は冷たい視線を投げかけます。それを感じたフレッドは、貯めたお金でスイスのマッターホルンへ行こうと考えます。マッターホルンは昔、フレッドが妻にプロポーズした場所でした……。

フレッドの知人が、「今後も男と暮らすなら教会から締め出す」と警告しますが、フレッドは聞く耳を持たず、男との共同生活を選ぶのです。

そしてあるとき、フレッドはある店へ出かけます。そこは小さなクラブで、ステージでは化粧をした女性のような青年が歌っていました。青年は客席のフレッドを見るとハッとしたように固まりました。彼はフレッドと疎遠になっていた息子だったのです。

フレッドは、ようやく息子を理解しました。拍手をし、「ヨハン！」と誇らしげに息子の名前を呼びます。息子も父親を見つめて微笑みました。

その後、マッターホルンに辿り着いたフレッドと男の姿がありました。

愛する伴侶を失い、孤独感にさいなまれて頑なになっていたフレッドが、見知らぬ男に心を開き、周囲の視線にもめげず、平穏な毎日を過ごす日々が、悲喜こもごもの中に描かれます。伴侶でも友人でも、人間には心を許しあえる人間が欠かせないものだと、感じさせてくれる一本です。

難しく考えなくていいのです。映画館は誰かと行かなくちゃと思わないで、あえて時々ひとり映画を楽しんでみてはいかがでしょう。評判のいい映画ではなく、誰もその映画の魅力に気がついていない、そんな映画を探してみるのはとても楽しい時間です。所詮ひとりでいくので、失敗してもいいひとり時間を暗闇の中でつくれたと思うようにしています。僕は映画館の暗闇が大好きです。たっぷりと孤独にあふれた映画を見つけて、ひとり映画ができたら、もう、あなたは孤独の達人です。

第6章◎
老いの「ソロ立ち」であなたも孤独名人になれる

集団の中でも孤独でいていい

僕は老人保健施設「やすらぎの丘」の施設長を一〇年ほどつとめていたのですが、そのときの話です。施設の職員には面白い人たちが多く、お年寄りをよろこばす才能に溢れていました。とても温かい施設でした。

クリスマスが近づくと、クリスマス会の準備が始まります。施設内をクリスマス風に飾るものも、自分たちでかぶる三角の帽子も、お年寄りが作業療法として、楽しそうに自分たちでつくっていました。僕は回診をしながら、みんなに話しかけ、意見を聞いていきました。

「みんな一緒にやらなくてもいいんだ。自分の楽しみ方があるはずだから、無理にこの作業療法に参加しなくてもいいんだよ」と。でもみんな楽しそう。そして「クリスマス会が待ち遠しい」と言うのです。

そのとき、作業に加わらず、柱の陰でBさんが本を読んでいる姿を見つけました。

「いいな」と思い、Bさんに近づいて話しかけました。

「みんなの作業療法のときから、僕はあなたの姿に気づいていたんだけど、ひとりで本を読んでいる姿を見て、なんかうれしくなってしまったんだ」と。心の中で拍手、拍手……。

「いや、わがままですみません。みんなと一緒にやるのがちょっと苦手で。本を読んでいるほうが気分がいいのです」

ますますうれしくなりました。彼は八五歳、そこで僕は何歳からでもソロ活はできると確信しました。

集団で生活している中でも、自分の好みの時間を作り出すのはとても大事。本を読んだり音楽を聴いたり、自分好みの時間を過ごす人が出てくるのは大歓迎です。

そこで職員とのミーティングで、こう語りかけました。

「まだまだ数は少ないけれど、いつかBさんのような入居者が増える時代がくる。そのときのために、みんなが温かな目で見てあげることが大事だと思います。今後、団塊の世代が介護を受けるようになったとき、彼らの何割かは、自分なりの時間の過ごし方を主張するはず。そのためにも、みんなで予行演習をやろう……」

Bさんは、集団の中で「積極的孤独」を楽しんでいる人です。そういう「望ましい孤独」で過ごせる人は、死に直面しても「自分らしい死」を選び取ることができるのではないかと思っています。

孤独死は本当に不幸なのか

「孤独死」が話題になっています。マスコミは〝孤独〟という点を過剰にクローズアップして、大きく取り上げます。

でも、人間は必ず死にます。生まれてくるときもひとり、どんなに仲のよい家族に囲まれていても、死ぬときはひとりです。「みんなとやるのが苦手で」と語るBさんのような人は、きっと潔くひとりで旅立っていく覚悟ができているのだと思います。

僕自身は、最後は孤独死だろうが、家族や同僚に囲まれて逝くのでも、どちらでも構わない。誰かに囲まれていたとしても、結局はひとりで、あの世に行くのです。そして、いつお迎えが来てもいいとも思っています。

ただし、生きている間は好きなことをして、ピンピンしていることが大事。どんな死を迎えるかより、最後までどう生きていられるかに心を配っています。最後までいい生き方を貫いていければ、きっと、いい死に方ができるはずだと思うからです。

世界中を飛び回り、多いときは国内の講演を年に一〇〇回以上こなしてきた僕は、ほとんど家にいることはありませんでした。でもコロナ禍で、いまはほぼステイホーム。仕事や取材はZoomを使ってやります。ラジオやテレビもオンラインで出演できます。おかげで、家族との親密な時間が多くなりました。

前は、番組が終わるとスタッフみんなと食事をしました。後輩たちにご馳走するのが大好きで、若いドクターに僕の経験を伝えながら、美味いものを教えてあげるのも自分の役目だと思っていました、でも、そんな機会も失われていきました。

毎日、それほど劇的なことがあるわけではない毎日。すると、ふと「自分はどうやって死ぬのかな?」と思うようになったのです。ひとり時間を使って〝死の現実〟について考えていると、すんなりとそれを受け入れている自分がいることに気がつきました。

「死ぬ」ということに納得できると、怖いものがなくなります。死に方なんてどうでもよくなってきます。

例えば孤独死でも、自分で「孤独死だから悲しい」なんて思いながら旅立つわけではありません。やがて心臓の鼓動が止まり、吸い込んだ息が吐き出せなくなるだけのことなのです。

老いの「ソロ立ち」は美しい記憶を遺す

友人の編集者Kさんは、数年前、乳がんで奥さんを亡くしました。子どもがおらず夫婦ふたり暮らしでした。奥さんは画家で、治療のかたわら、最後まで精力的に作品を発表していたそうです。でも仕事が忙しく、「あまり寄り添うことができなかった」というのがKさんの後悔です。

「闘病生活は楽でなかったと思います。でも〝絵描きいのち〟の人で、最後まで作品を発表することに執念を燃やしていました。手術のせいで右手がきかず、左手一本で絵を描いていました。『偉いもんだ』と感心していました。もちろん、どこかで無理をしています。僕はそれを知っていながら、仕事にかこつけて外に飛び出していく。痛々しい姿を見ていられないという気持ちと、『これだけ元気なのだから大丈夫だよ』と自分を納得させ、見て見ぬふりをしていたのかもしれません」

奥さんは気丈な人で、「つらい」とか「苦しい」とは、あまり口にしなかったといいます。でも内心で「そばにいて欲しい」気持ちがなかったはずはありません。仕事で帰りも遅く、話しかけても生返事ばかり繰り返す夫に、おそらく奥さんは、強い孤独を感じていたはずです。「言葉にしなくてもわかっているはず……」というのは、長く連れ添った夫婦ほど陥りやすい落とし穴なのです。

そして最後の日がやってきました。肺に水が溜まって数日前から酸素吸入を施され、気丈な奥さんも、さすがに苦しさを訴え始めました。「あと数日の可能性もあります」と医師に告げられて、Kさんも覚悟を決めました。でも仕事が立て込んでいて、その資料がないと、病院に泊まり込むわけにもいきません。

「すぐ戻ってくるから」と言い残して自宅に戻ろうとする彼に、「気をつけてね」とかけた言葉が、最後になりました。自宅に戻った瞬間、病院からかかってきた電話……。大慌てでタクシーを拾い、病室に駆けつけたときは、もう奥さんは亡くなっていたそうです。

「『ついさっき』と言われました。たった二分、間に合わなかった。なぜ最期の瞬間にそばにいてあげられなかったんだろうと、ずいぶん悔やみました」と語ります。

闘病が長引くにつれて、それを見守る家族の心に、どこかで死への恐怖が湧いてきます。なんとか回復して欲しいと願う半面、この現実から逃げたいと無意識に思ってしまいます。患者さんは、それを敏感に察知します。

「結局、見捨ててしまったのかもしれません。臨終の席で手を握ってあげても、結局、できることは何もないと、冷淡に構えていた自分がいたんです。それが『最後の二分間』につながったのかもしれませんね。情けなくて、情けなくて……」

僕の想像ですが、奥さんは最期の姿を見られたくなかったのかもしれません。元気だったころの自分を時々思い出してくれればいいと、彼女は思っていたかもしれません。僕が病院でひとりで旅立つときも、きっとそう思うでしょう。

間に合うときもあれば、間に合わないときもあるのです。たぶん彼女自身は、夫婦としてよいつながりを保ちながら、彼女のほうがより強くソロ立ちをしていたのではないかと思います。

そんなKさんを救ったのは、残された奥さんからの手紙でした。利かない右手で書いたたどたどしい字で、こうつづられていたそうです。

「やっぱり、さよならは悲しいな。でも、かわいそうじゃないわよ。好きなように人生を送れたから幸せだった。だから、よくやったねって、みんなが思ってくれたらうれしいわね」

彼はこの手紙を見て、泣きました。でもこのおかげで、「二分間の呪縛が解けた」と語ります。

「この手紙は家内からの贈り物だったんです。最期の瞬間に立ち会えなかった心残りは、いまでも消えません。でも家内は、間に合わないかもしれない私に向かって、最後のメッセージを残してくれました。この手紙があれば、いつでも家内の顔を思い浮かべられます。最初は読み返すたびに涙が溢れてきましたが、やがて『自分の分まで一生懸命に生きなさいね』と、家内が励ましてくれるように思えるようになりました」

彼は多くを語りませんが、「二分間」という時間と、この最後の手紙で、奥さんと自分自身の「孤独」、そして「死」の意味を考え続けることができたようです。その「死」は、奥さんから彼へのプレゼントだったのかもしれません。

「孤独死」は悲劇ではなく尊重すべきもののはず

病院で死を迎える場合、残念ながら、臨終の瞬間に家族が立ち会えないこともあります。交代で付き添っていても、その瞬間には病室に誰もいないケースもあるのです。ベッドの周囲に家族が集まって「よく頑張ったね」と声をかけるといったケースが理想ですが、必ずそれが叶えられるものでもないと、覚悟しておいたほうがいいというのが現実です。そう考えると、病院での死も在宅での孤独死も、死のあり方にはそう大差がないようにも感じます。

日本全国にわたる孤独死の統計はありませんが、例えば内閣府『平成二九年版高齢社会白書』によれば、「東京二三区内におけるひとり暮らしで六五歳以上の人の自宅での死亡者数」は三一二七人で、平成一五年の四五一人と比べて八倍近くに増えています。現代の死は、病院や施設でというのが一般的ですが、独居者の自宅での死の何割かは誰にも看取られずに亡くなった可能性が高いのです。

世間では「誰にも顧みられずに死んだ人は気の毒だ」と、孤独死を悲劇だととらえます。でも、ひとり暮らしで病気になり、それでも自宅がいいと選択をする高齢者が、とても多くなってきています。在宅ケアが受けられる地域では、特にそうです。僕たちの地域では四六年前から、在宅ケアに力を入れてきました。

ひとり暮らしでも、本人が希望すれば、自宅で看取ることができます。もちろん、僕らはプロですから、最期はせめて僕たち医師や看護師がついてあげようとしますが、間に合わないこともあります。

僕自身も、死ぬなら自宅がいい

いまから二〇年ほど前、諏訪中央病院の前院長が胃がんの多発転移を起こしました。

「カマちゃん、最後は自宅がいいな」

在宅医療を広げていったときの「あのスタイルで僕を診てくれればいい」と、彼は言いました。

言葉通り、彼は在宅で亡くなりました。彼の場合は、家族に、仲間に囲まれた温かな看取りでした。たくさんの人に看取られたことよりも、最期まで大好きな家にいたいという彼の覚悟が、美しい最期をもたらしたのでしょう。ソロ立ちをしているかどうかが、大切なのだと思いました。

ひとり暮らしでも、自分で「家」を選んだ人は、基本的なところでソロ立ちをしている傾向が強い。納得しているのです。もちろん、施設や病院に比べればマイナスの点もありますが、気まま、自由、誰にも邪魔されない「ひとり時間」を大切にして、マイナスをはねのけることができるのです。

孤独死は「かわいそう、気の毒」とみなされ、「防止しなければならないこと」と考えられるようになりました。しかし、本当に「孤独死」は悲劇なのでしょうか。僕はそうは思っていません。頭の固いマスコミが、孤独死があると行政の怠慢だと責めることが多い。このために行政は、ついつい孤独死をゼロにしたいと思ってしまうのです。

高度成長期以降、僕たち日本人は「ムラ社会」の崩壊を当たり前と受け止め、バブルの崩壊後は、共同体社会が崩れていくことを容認してきたのです。いやむしろ、それぞれがバラバラに暮らすことを積極的に望み、しがらみの少ない生活を目指してきました。いわば「孤独」を大切にしてきたのです。

先ほど「ゆる友」の話をしましたが、「自分がいたいとき」だけ「いたい人」と一緒にいる自由、そのお返しに、相手がいたいときに付き合う自由、あるいは「一緒にいたくない人を遠ざける自由」を追い求めてきた僕たちなのです。だからその結果、孤独死が増えたからといって、それは自分たちが選んできたライフスタイルにふさわしいゴールなのではないでしょうか。

しがらみの少ない生き方をしてきたのですから、「臨終だけは誰かに囲まれていたい」は自分勝手というものです。現代は、「楽に死ねて周囲への迷惑がかからないのなら、ひとりで生きてひとりで死にたい」という人も少なくないはずです。

ソロ立ちすれば死に方なんて気にならなくなる

もちろん、中には幸せな死や平穏な死とはいえない〝悲しい孤独死〟もあるので、一万的に「孤独死礼賛」というわけにはいきません。コロナ禍で経済的に追い込まれて死を選ぶ場合や、若年層の孤独死という例も少なくないのです。

こうした〝悲しい孤独死〟に対しては、行政や福祉が手を差し伸べる必要があります。でも〝納得した孤独死〟の場合は、それとは別問題として考えるべきでしょう。

孤独死は、人間関係がうまくいかない人や不幸な身の上の人だけの問題ではありません。例えばパートナーや家族と暮らしていても、死別や家族の独立によってひとり暮らしが始まる場合はあります。前述したように六五歳以上の高齢者世帯の四九・五%がひとり暮らしです。

しかし、ひとり暮らし世帯の増加は、核家族化を選んだ僕たちのライフスタイルの結果です。しがらみからの解放や自由な人生の選択と、表裏一体だったのです。としたら、いたずらに孤独死を忌み嫌うのではなく、悲劇や脅威とならないものにと、社会の意識と個の意識を変えていかなければならないと思います。

ひとり暮らしで自分で在宅を選んで、亡くなったのが偶然後から発見されたとしても孤独死と表現せずに「自立死」という言葉でみんなが理解してあげるようになれば、もっと自立死を選ぶ人が増えるのではないかと思います。

『老後はひとり暮らしが幸せ』(水曜社)という本を書いた辻川覚志《つじかわさとし》さんと対談をしました。大阪で開業しているドクターです。彼と話していて、「ソロ立ちをしている人はひとりで死んでも、孤独死という言葉で社会問題化する必要がない」と強く感じました。少しずつ、新しい波が起きつつあるようです。

だからこそ、六〇代からソロ立ちを目指さなければいけません。孤独な時間を上手に使って、家族がいても友達がいても、まだ仕事をしていても、ソロ立ちの準備をする必要があるのです。

群れないひとり時間はかっこいい

一般的に「ひとり暮らしの自宅での最期」は難しいと思われがちですが、自分の覚悟と周囲の理解があれば、ソロでも最期まで自宅で過ごすことは可能です。

まず、ひとり暮らしといっても、天涯孤独なのか、家族が近くにいるのか、あるいは遠くにいるのかによって状況が異なります。

また物理的な距離だけでなく、家族との距離感によっても、可能性が変わってきます。例えば本人がどんなに在宅死を希望していても、家族から反対されてしまう場合があります。「家族がいないときにアクシデントがあったら」というのが心配だからでしょう。「自宅で大丈夫なの？」という不安もあるでしょうが、在宅医療や在宅ケアの実状を知れば、天涯孤独な人でも、自宅で最期を迎えることができます。

現在の日本の医療保険と介護保険の制度は、問題点や矛盾点もありますが、在宅医療を受け、介護保険サービスを上手に利用すれば、ひとり暮らしの在宅死も十分に可能です。特にがんで亡くなるケースでは、「死期」がある程度予想できるので、「在宅ひとり死」は、ほぼ一〇〇%可能になります。

その格好の例を挙げましょう。Fさんは八二歳、ひとり暮らしです。結婚はしていません。市営住宅で暮らしていましたが、数年前から生活保護を受けています。それまでは働き先を見つけてアルバイトをしてきました。働きものでした。

慢性呼吸不全があって在宅酸素療法を受けています。徐々にフレイルの症状も出ています。老化とともに身体的機能が低下する状態のことです。最後の半年は友達が買い物に行ってくれました。それでも「病院や施設に行きたくない。何もない自宅がいいのよ」と言って笑います。

彼女は、これまで大切にしていたものも、友達にバトンタッチをしました。見事な断捨離です。冬、彼女の市営住宅に往診をすると、石油ストーブの上に、お芋が置かれています。「友達からもらったお芋、焼いといたから、先生、食べていきな。エネルギー補給しないとね」とすすめてくれます。

一方的に何かをしてもらうのではなく、少しでも自分ができることをしようと、彼女は生きてきました。孤独を大事に生きているけれど、オキシトシンという脳内物質、俗にいう「絆ホルモン」を上手に分泌して孤立を防いできました。孤独に対する意識は強く、ひとり時間を大事にするということに関しては、とても頑固でした。

「病院だと消灯時間があるから、夜中にテレビ見てられないでしょ。夜中だろうが明け方だろうが、見たいときに見て、寝たいときに寝れればいいの。自分の時間なんだから」

彼女のこういう生き方に魅力を感じる友達は、彼女のもとから去りませんでした。お金はなくても友達は集まってきます。彼女に魅力があるからです。友達はいるけど群れない彼女の生き方が、ますますかっこよく見えてきます。

彼女は最後まで「じぶん時間」を大事にして、在宅で亡くなっていきました。見事でした。何人かの友達が駆けつけました。彼女自身がデザインした通りのあの世への旅立ちでした。「かっこいいなあ」と思っています。

小さな不便さえ我慢できれば「自立死」は簡単

自宅なら、食べたいものを食べられるし、寝たり起きたりの時間も自由。時間を気にせず人に会ったり、大音量でテレビを観たり音楽を聴いたりできる自由があります。これは在宅ならではのメリットです。

そして在宅のデメリットを最小限にするように工夫すればよいのです。手が届きやすいように枕元周辺に必要なものをすべてそろえるとか、ベッド脇のテーブルに食べ物、飲み物を用意しておくなどもいいでしょう。こんな工夫で、不自由さを解消すれば、ひとり暮らしの最期も十分可能になります。

ただし、可能な限り、子どもや周囲の理解を得ることが大事です。子どもが「無理でしょう」と心配しても、自分の意思を押し通していいのです。「わがまま」でいいのです。本人が「自宅がいい」と言い張れば、家族としては「あれこれ口を出さずに支えよう」と腹をくってくれるものだと思います。揺るぎない決断を家族や周囲にわかってもらうことが、ひとり在宅死を叶える近道です。

もう一つ大事なことは、精神的に自立していること。「自分の命は自分のものだ」という、ソロ立ちのフィロソフィーを持っていることが大事です。六〇歳を過ぎたら、着々とこのソロ立ち精神を強く育てていく必要があります。そうすることで、周囲の医師や看護師の意識、子どもたちの意識も変えることができるのです。

これ以上、何を望む?

中日ドラゴンズで活躍してホームラン王にもなり、日本ハムの監督もつとめた大島《おおしま》康徳《やすのり》さんが亡くなりました。享年七〇歳でした。驚くことに、亡くなる二〇日ほど前でも野球放送の解説をしていますす。厳しい状態が続いていましたが、少しよくなると自宅で生活することを望み、大好きな野球観戦に没頭していました。ここが大事なところです。

自分の人生をどう生きたいのか、それによって治療への決断は変わります。患者さん自身が決めるのがいいのです。その決断の裏側には、その人の人生があり、背負ってきたもの、背負っているものがあり、一言で語れるものではありません。どの選択が正解なのか、誰にもわからないのです。

大島さんは死を覚悟しながら、自分の人生は自分で決めるということにこだわってきた、ここが素晴らしいところです。そして、自分の選んできた道を悔やんでいないところがいい。

「やりたいことは片っ端からやってきた。楽しかったなあ……これ以上、何を望む？もう何もないよ。命には終わりがある。自分にも必ず訪れる。そのときが俺の寿命。そのときが俺に与えられた運命。病気に負けたんじゃない。俺の人生を生き切ったということだ。そのときが来るまで、俺は普通に生きて、自分の人生を、命をしっかり生きるよ　大島康徳」

優しい奥さんに、そして家族に支えられているのは事実。人柄がよかったので、たくさんの仲間もいる。でも大島さんの真骨頂は、大地に足をしっかり立て、まっすぐに自立している姿です。ソロでしっかりと立っていること、これがすごいと思います。

死を前にして、孤独な時間もあったと思います。その時間を使って、自分の人生をしっかりとライフレビューしています。

「楽しかったなあ」……しみじみとした言葉です。たくさんの人が、こんな素敵な言葉を残して、この世とグッドバイできたらいいなと思います。そういう時代がやってくるように願いながら、この本を書いています。

美しい「自立死」

友人の在宅ケア専門医から、家族の反対を押し切って「絶対畳の上で死ぬ」を貫き通した人の話を聞いたことがあります。九三歳のMさんです。ずいぶん前に奥さんに先立たれて、お子さんもいないので、ずっとひとり暮らし。兄弟も旅立ち、血縁の方はいません。

「オレは絶対に病院とか施設とかに行く気はない。畳の上で死にたいんだ。ここでなんとかしてくれな」

というのがMさんの口癖だったそうです。それまでにも入退院を繰り返していて、医師や看護師から「ああしろ、こうしろ」と命令されるのにうんざりしていたようなのです。「自宅でひとりでのんびり死にたい」というのが強い希望です。途中、肺炎で高熱が出たこともありますが、それでも「自宅で治療ができる範囲で治らなければ仕方ないさ」と、入院は断固拒否。意思の強い人です。

でもやがて、だんだん動けなくなってきて、おむつになりました。それもどこ吹く風で、「最近のおむつは使い心地がいいね」と苦にしません。寝たきりなので床ずれが心配。介護ベッドをすすめても、「布団がいちばん」と譲らなかったそうです。

寝たきりになったらベッドがいちばん、これ常識です。でも常識に従わなくてもいいのです。畳の上に布団を敷いて、「ここで息をひきとる」、見事なソロ立ちだと思います。妥協して生きたくない。介護施設で知らない人たちに看取られては、大満足にはならないように思います。自分の好きなようにすること、最後まで自分らしく生き続けるのが、ソロ立ち精神だと思います。

「ひとりがいいんだよ」が口癖だったMさんは、それからまもなく、畳の上で眠るように亡くなりました。約束通りの「ひとり大往生」だったそうです。こんな美しい「自立死」をするためには、老い始めるときからソロ立ちをして、「ちょうどいい孤独」に慣れ親しんでいること。それが最後に的確な自己決定をもたらすようになるのだと思います。

「納得死」がしたければ人生に締め切りを設けよう

諏訪中央病院の院長時代、死の直前の患者さんから、「これをやっておけばよかった」という声をよく聞きました。死の間際になると、人は後悔にとらわれる生き物なのです。そこで、死の間際になって後悔しないために、元気なうちから「やっておきたいこと」を用意しておくことが大事です。例えば、あと一年で人生が終わるとしたら……。

- **体力の続く限り旅行に行きたい。**
- **家族と楽しい団らんのときを過ごしたい。**

・最後の気力を振り絞って仕事をしたい。
・最後の日まで美味しいものが食べたい。

まだまだやりたいことがたくさんあるという人がほとんどでしょう。でも「何をしたいか」が明確でないと、余命宣告を受けてもうろたえるだけです。人生の「締め切り」を設けると「何が大事なのか」が浮き彫りになってきます。

人生の最終段階の医療で、数多くの患者さんたちをお見送りしてきて、僕には気づいたことがあります。それは死を前にすると、人は必ず自分の人生を振り返るということです。

そして、納得して旅立つ人は、「人生で誇れること」「後悔していること」などを少しずつ整理しています。そして「いい人生だった」と納得して、穏やかにこの世とお別れしていきます。

日々忙しく過ごしていると、人はなかなか、自分の生き方を見つめ直したり、自分にとって本当に大切なものに気づいたりすることができません。でも死を前にしてジタバタしても始まらない。それを整理して、自分の心を穏やかにしていくことが、人生最後のソロ活と言っていいでしょう。

死の間際、人はどんなことを後悔するのか

「自立死」「納得死」をする人が最近多くなってきました。でも中には「もっとこうしておけばよかった」「こんなふうに生きればよかった」と、後悔の念を抱きながら旅立つ人もいます。

仲違いしている親子がいました。父親が末期がんになりましたが、長男は顔を出しません。父親は長男に会いたかったけど、でも口には出しません。

周囲の人に聞くと、その父親は厳しい人だったようです。本人は厳しく育てる主義だったが、度を越していて、長男は「虐待を受けている」と思っているようでした。

周囲が気を使って「会いに来い」と言っても、長男は病院に来ることを拒否しました。

亡くなる前の日、「思い残すことはありませんか？」と聞くと、「息子に会いたかった。俺が悪かった」と語りました。この言葉をすぐに長男に伝えようとしましたが、間に

合いませんでした。長男は、実の父親の死に目にあえませんでした。親戚の人の話では、長男はその言葉を聞いて泣き崩れたそうです。

残念なことに、僕たちの力では二人を会わせてあげることはできませんでしたが、心の中では和解が成立していたように思います。人生を振り返って、できるだけ思い残すことがないようにしておきたいものです。

よく現場で耳にするのは、「もう一度家族と旅行に行きたかった」「もっといろいろなことにチャレンジすればよかった」という声です。

心残りをなくしたい、後悔をしたくないというその気持ち、よくわかります。でも、人間は個人個人、生きてきた時代も背景も、大切にしてきたものも違います。

年齢を重ね、「十分に生きた」という人もいれば、幼い子どもを残し、無念の思いを抱きながら、若くして世を去る方もいます。すべての人に共通する「後悔のない人生」「よい人生」などはないのかもしれません。

思い通りにいかないのが人生であっても

それでも、人生の最後に「後悔はない」「いい人生だった」と思えるように、こんな姿勢で生きようと自分に言い聞かせてきました。

孤独時間を過ごしていると、見えないものや物事の本質が見えてくる。ひとり時間を過ごしていると、やるべきことが何かがわかり、人生の生き方が見えてくる。やがて自分にとって「ちょうどいい孤独」が見えてくると、さびしいとか、怖いとかいう気持ちは少なくなって、人生が面白くなってくる。きっとそうなると自分に言い聞かせて、生きてきました。

人生にはさまざまなことが起こります。病気やけがなどのアクシデント、事業や結婚の失敗、学校や職場の人間関係でつまずくこともあります。そんなときは、自分の生き方に懐疑的になったり、やる気を失うこともあるでしょう。

まして、世界中を襲った新型コロナウイルスが、それに輪をかけています。感染拡大に伴う出来事により、人生の喜びや生きる意味を見出せなくなっているのです。

事実、二〇二〇年の『内閣府・人生の満足度に関する調査』では、「人生にとても満足している」「やや満足している」が合わせて三二・一%、「まったく満足していない」「あまり満足していない」が約三六%でした。三人に一人以上が「人生に満足していない」のです。

それに加え、コロナ禍以前に比べて「生活満足度」も大幅に低下しており、特に「生活の楽しさ・社会とのつながり」の分野で大きく低下したという調査結果が、内閣府より発表されています。

人生は、自分以外の要因に大きく影響され、なかなか思う通りにはいきません。でも、その中でどうするか、それがひとりひとりの決断であり、人生でもあります。

「個立有縁」……ここからが本番

僕がここまで提唱してきた「孤独の醍醐味」は、詰まるところ「人生の意味」を考えることだと思います。

コロナ禍が収束しても、コロナ前と比べて社会のあり方や、個人の考え方に変化が生まれ、生きることに困難を感じる場面も増えるかもしれません。

そうした中で、僕たちがよりよく生きていくためには、たとえどんな状況にあっても自分を笑顔にしてくれるものや自分を支えてくれるものを大事にすること。つまり「自分にとって本当に大切なもの」を守っていくことが重要です。

そして人生の意味を考えることとは、自分にとって本当に大切なものに気づくことであり、自分にとって本当に大切なものこそが、私たちの人生に意味を与えてくれるのだと、僕は思います。

第4章で紹介した六七歳の認知症のSさんは一覧表をつくっています。題して「私の強み」。できることとできないことが六つ書かれています。「幸せな理由」も六つです。「食事が美味しい」など、小さな幸せを感じる理由が書かれています。かっこいいです。「私の主義」も七つ書かれていますが、そこには「認知症で元気をなくしている人に元気を届けること」などとも記されています。誰かの役に立ちたいと、強く思っているようです。この強い意思が彼を支えているのかもしれません。「できることリスト」には一〇個。「買い物が自由にできる」「物事がひとりで決められる」……認知症の人でも、こうやってソロ立ちをしている。ここが、彼が人生にも、病気にも負けない要因かもしれません。

友人の名前が出てこない、夜中の三時に目が覚める……。彼は多くの高齢者と同じように、いやそれの何倍も悩みを抱えているのに、自分の強みや主義、幸せの理由のリストをつくって、自分で自分を鼓舞しているのがすごいと思います。

人生があと一年だとしたら、自分の喜びややりたいこと、役割などのリストをつくって、「家族のため」「誰かのため」に生きるのではなく、自分の人生の総仕上げ、いままでとは違って、自分らしい生き方を目指してみてはいかがでしょうか。これが六〇代からのソロ立ちの核心です。

六〇代、ここからが本番。六〇代になったら、「個立」することを心がけるといいでしょう。自分の「個」で自分の人生をコントロールしていく。孤独の時間を大切にしながら、小さな縁を粗末にしないことです。「個立有縁」。これがカマタ流ソロ立ちのフィロソフィーです。

死の準備は、自分の生き方の総決算

では最後に、僕自身のことをお話ししておきましょう。

僕はいつも、死が来るのを覚悟しています。早く来ても構わないと思っています。遅くても早くても、自分で決めることはできない。運命のいいなりです。

人はいつか、必ず死を迎えます。だから自分に与えられた時間を悔いなく、面白く生きていきたい。そう思って毎日を生きています。

ただ、死に方はいろいろ。あの世に旅立つのも「ソロ」でいいのです。旅行をしている間に突然、心臓死なんていうのも、とってもしゃれています。講演の旅の途中、突然心臓が停止して、あの世に行くのも悪くない。そして欲張りの僕は、在宅ケアもいいなと思っています。

一般に、日本人は死について準備するのは「不吉だ」と敬遠するようですが、実は死についてちゃんと考えて、決めておくほうが、死が怖くなくなり、思い切って生きられると思っています。

僕は長らく地域医療に携わってきましたが、人生の締めくくりが見事な人は、生前からいろいろ考えて、準備してきたように思うのです。「人生、いつ何があるかわからない。もしかしたら明日、死ぬかもしれない」と思えば、今日や明日を大事に生きようと考えるはずです。死を意識し、それについて考えることは、自分の生き方を考えることでもあるのです。締めくくり方を決めれば「あとはひたすら生きるだけ」の気持ちになれるからです。

最近は尊厳死や安楽死が話題になっていますが、いろいろな調査で、「いざというとき、自分は延命治療を望まない」という人が七〇％に達しています。でもほとんどの人が、自分の希望をちゃんと伝える準備をしていないのが現実です。

もしものとき、どうするか決めておく

僕はかつて、地域の人たちとつくった「尊厳死カード」をいまも財布に入れて持っています。「もしも」の場合に備えた自分の意思を記してあります。「無理な延命治療は遠慮します。人工呼吸器も胃ろうもいらない」とも明記してあります。延命治療を望むか望まないかは人それぞれです。正解はありません。でも、最低限、自分の意思をはっきりさせておくことは不可欠なのです。老いのソロ立ちの第一歩だと思っています。

この対応をしておくだけで、死への恐怖が半減します。中途半端に長生きさせられたらたまったものじゃない。冬になってもスキーもできなくなった、ライブハウスにも行けなくなった、そうなったら、いつでも死が来ていい……中途半端に延命してほしくないという強い意識が出てきました。ぜひ、おすすめです。

するとかえって、「生きている限りはできるだけ面白く生きてやれ」と思えるようになります。あとは自分が人生の主人公になって、自分で楽しく生きる。そして後悔しないことです。

前に「人生に満足していない人が三人に一人以上いる」というアンケート結果を紹介しましたが、いままでは満足していなかった人たちが、老いのソロ立ちをしたあとでは意識が変わるかもしれません。

「後ろを振り向いてぐちぐち言わずに、なるようにしかならないから面白く生きてやれ」「どうせいつかは死ぬんだから、早かろうが遅かろうが自分の知ったこっちゃない」と、少しでも多くの人が「不満足人間」のグループから脱出してくだされば、この本の価値もあろうというものです。

自筆証書遺言を残しておこう

女も男も悠々自適に生き始めています。テレビドラマにもなった『ソロ活女子のススメ』（大和書房）という本を書いた朝井麻由美《あさいまゆみ》さんにお会いしました。ひとりラーメンとか、ひとりモーテルなど、何でもひとりで挑戦している楽しい女性です。独身生活者研究をしているコラムニスト・荒川和久《あらかわかずひさ》さんともお会いしました。

こんなふうに、ひとりでいることを楽しんでいる人たちが多くなっています。みんな、しがらみにとらわれないで生きだしました。墓じまいも始まっています。

教育虐待を受け、うつ病から立ち直った文筆家の古谷経衡《ふるやつねひら》さんにもお会いしました。毒親と縁を切って名前も変えました。家族じまいをしたのです。「それでも自分は結婚し、子どもも生まれた。切るものは切って、自分は毒親にはならない、その繰り返しを断つ」という強い意志を持っているところに、凄さを感じました。「つながり幻想」に騙されたりせず、いいつながりを上手に守りながら、断っていいものは断つのが、ソロ立ちの大事な作法だと考えています。

つまり「自分の人生は自分のもの」。これが究極の「ソロ活精神」です。だから、最後の瞬間まで、そして自分が亡き後のことも、自分に関することは自分の意思で決める。それが大事なのだと、僕は考えています。

そのためには、「自筆証書遺言」を残しておくことです。僕が死んだ後、僕が保有する現金の一定額を、僕が長年関わってきたＪＣＦ（日本チェルノブイリ連帯基金）に寄付するという証書遺言を書きました。チェルノブイリの原発事故で被害を受けた人や子どもたちを支援する組織です。

もちろん家族の了解も得ています。注意すべき点は、日付と氏名を自筆で記入すること、全文を自筆で書くことなどが自筆証書遺言の条件です。ボールペンでも万年筆でも構いません。一般の押印でも構わないのですが、実印が好ましい。その中に葬儀の仕方も書いておけばいいと思います。

気が変わったら、遺言書は何度も書き換えて構いません。先ほどの延命治療の件についても、元気に人生を楽しんでいるときは「できるだけ延命治療をして欲しい」と思うかもしれませんが、状況が変わったら、「やりたいことはやったし、無理に延命しなくてもいい」と考えを改めるかもしれない。気持ちが変わるたびに書き換えればいいのです。

あの世への旅立ちは最高のソロ活

その考え方から、僕は自分の葬儀についても希望を書いていて、会葬礼状の文面まで考えてあります。

「知らないうちに死んじゃいました。あなたさまには大変お世話になったのに、最後のご挨拶をしてお礼を言う時間がありませんでした。きっと僕はあの世で楽しんでいると思います。ご心配なく、あなたのことは待っていません。あなたは一度だけの人生を、ぜひぜひ長くお楽しみください。サンキュー、グッドバイ」

これが、その文面です。自分らしく生きたなら、最後も自分らしくデザインしておきたいと、僕は思っているからです。

延命治療はしない。そのかわり、余力がある間は、ジャズを聴きにライブハウスに行きたい。可能なら、その帰りに大好きなおけい寿司のすしでもつまめれば最高です。あるいは、もしがんの末期になったら、特別なことはせずに逝けたら、それで満足です。

会葬礼状に「あなたのことは待っていません」とあえて書いたのは、死は限りなく個人のものであり、しかも尊厳のある行為だからです。

恨み、憎しみを抱えた女性の見事なソロ立ち

一〇年ほど前、恨みつらみ、憎しみをたくさん抱えながら、末期の乳がんで入院してきた患者さんがいました。山梨県北杜市でカフェをひとりで切り盛りしていて、繁盛店だったようです。魅力的な人でファンに囲まれていましたが、自分ひとりの時間をとても大切にしていました。

僕は聞き役として、彼女の「家族に向けた憎しみ」をたくさん聞きました。兄弟に、両親に、しゃべればしゃべるほど、憎しみが大きくなっていくようでした。でも、物語をほぼ聞き終わったころ、心が変わったのか、すとんと空気が変わりました。

死を覚悟したのか、最期の瞬間に聴きたい音楽のテープをつくり始めました。最後

に選んだ曲はエディット・ピアフの「バラ色の人生」です。恨み、つらみを持って生きてきても、最後は自分の人生を「バラ色」と肯定しながら、「いいことも悪いこともあった、水に流してあの世へ行こう」という内容。彼女はすべてを受け入れたのだと思います。穏やかな顔で旅立ちました。

家族の中でいじめられ続け、彼女は早くしてソロ立ちをしました。だから強かったのだと思います。先ほど、「人生に満足していない人が三人に一人以上」という話を書きましたが、何かを水に流してしまえば、もしかしたらバラ色の人生であったことに気づくかもしれません。まずソロ立ちをして、いやなことは水に流してみませんか。

自分を貫き通して生きる

僕はどこで死んでもいいと思っていますが、長年住み続けた茅野の町が大好きなので、諏訪中央病院の緩和ケア病棟でもいいなと考えています。でも自分で選べるとしたら、自分を拾って育ててくれた父親の名前をつけた「岩次郎小屋」で死んでいけたら最高だと考えています。

いや、待ってください。いちばんかっこいいのは、僕が長年支援活動をしてきた、イラクの難民キャンプやチェルノブイリの放射能汚染地域で、子どもたちの診察をしている最中にぽっくり逝くこと。あるいはその旅の途中で突然死……。群れるのが嫌い、束縛されるのがいやなカマタは、イラクの難民キャンプに行く途中の砂漠の中で心臓発作に襲われて、突然死なんていうのがいいなと思っています。これなら心おきなく、あの世へのソロ立ちができます。もちろん、思い通りにはなかなかならないと思います。命の長さについては、自分でどうすることもできません。自分でどうすることもできないことは気にしないことにしています。

遺体を引き取りに行く家族は大変だと思いますが、そこは「ごめんなさい」。

最後の最後まで「自分勝手」を貫き通して、あの世へのソロ立ちを模索しています。

おわりに代えて◎
カマタの老いのソロ立ち

小さな断念をいっぱいしながら生きてきました。子どもの頃、野球少年でした。中学の野球部ではショートで3番、それなりに自分の中では全力を尽くしました。でも、一流の選手になれないことはよくわかり断念しました。

高校に入って、剣道部に入りました。チーム戦の五人には選ばれるようになりましたが、子ども時代から基礎を徹底的に鍛えられている剣士とは比べ物にならない自分に気がつきました。勝ちたいために小技を使って勝つのですが、堂々とした勝ち方ではないのです。高校三年間で剣道をやめました。

大学では、また野球部に入りました。キャプテンで3番、キャッチャー。このときはすでに、自分の限界がよくわかっていました。まあまあのところまでいくかもしれないが、〝これで食べていける〟とはとてもならない。そんなふうに、何度も自分の限界を教えられました。

ずーっと、心の奥でソロが好きだった

大学を卒業するときに、大学に残って同僚と医学の世界で競争したりするのは、自分には向いていないと思いました。でも、それはとても格好のよい言い訳です。大学の中で闘い抜いていく能力や、根気、気力などが自分には十分に備わっているとは思えませんでした。

医者がいなくて困っている病院、諏訪中央病院に行くことを選びました。優れた技術を持っていて指導力のあるドクターのいるこの病院ならば、自分でも努力すれば何者かになれると思ったのです。

東京の生活が誰よりも好きだったのに、東京での生活を断念しました。ソロになりたかったのかもしれません。

三九歳で院長になりました。経営を黒字にしながら、温かないい病院をつくるという〝綱渡り〟に疲れました。自分の能力を使い切りました。

五六歳で院長を辞めるときは、「自分が辞めたほうが病院は発展をする」と考えました。でもそれ以上に、自分の中にソロで生きていきたい、ひとり時間をもっと持ちたい。孤独の時間を持ちたいという欲望が強くなっていたのかもしれません。

いつも自分の能力や好みや気力を判断しながら、諦めたり断念したりしながら、小さな店じまいや大きな断捨離をして生きてきました。生きるということは諦めることと断念することの連続だと、いまは思っています。

五六歳で覚悟の「ソロ立ち」

院長を辞任したのが五六歳、それがカマタの老いのソロ立ちの時期でした。僕と同じように、多くの人がこのころからソロを意識し始めるのだと思います。すでに無意識でソロ立ちを始めている人たちも多くいると思いますが、徐々に意識を強めていき、六〇歳に近づいたらソロ活を始め、ソロ立ちをしていくといいと思います。すると人生が怖くなくなり、面白くなり、「もう一回やんちゃをやってやろうか」という気になっていきます。

還暦はソロ立ち宣言の、いいチャンスだと考えています。

人生には、さまざまな分かれ道があります。人間は一所懸命生きていく間に、何度も分かれ道に直面するものです。どんなときも、二股に分かれた一方を選択し、もう一方を断念しているのです。あるいは、いくつにも分岐した中の一つを選択することもあります。

毎日の生活の中に「ソロ立ち」を入れてみる

そんなときは、いつも前向きに選択していけばいいだけです。たとえ「間違った道を選んだな」と感じても、それを冷静に受け止められれば、今後の人生の糧となる。

むしろ、間違いは何度もあったほうが深みが増し、自分自身の魅力になっていくはずなのです。

生きていくうえで孤独な時間はとても大切だということは、第1章で書きました。しかし、修行のような孤独を実践したり、度が過ぎた孤独になったりすると、寿命を縮めたり、認知症になる確率を二倍にしたり、そんなリスクを伴っているということも書きました。

それでも、毎日の生活の中にソロ活を入れてみてください。誰にでもできます。やがて生きる姿勢がソロ立ちになっていくはずです。その結果、ひとり時間が豊かになっていくと思います。やがて自分の好みに応じて、群れない時間や束縛されない時間を上手に広げていけばいいのです。

自然に心と体が整えられていきます。ここからが本番。知らないうちにあなたは、魅力的な孤独名人になっているでしょう。

この「ちょうどいい孤独」という企画は、編集の吉野江里さんが考えてくれました。

編集協力は未来工房の竹石健さん。三人で時間をかけてミーティングを何度も繰り返した末に、一冊の本が出来上がりました。「ソーシャルディスタンス」が叫ばれている中で、新しい孤独の魅力を書いた本が出来上がったと思っています。二人に心から感謝しています。

【著者紹介】

鎌田　實（かまた・みのる）

◉——1948年東京生まれ。医師・作家・諏訪中央病院名誉院長。東京医科歯科大学医学部卒業。1988年に諏訪中央病院院長、2005年より名誉院長に就任。

◉——地域一体型の医療に携わり、長野県を健康長寿県に導いた。日本チェルノブイリ連帯基金理事長、日本・イラク・メディカルネット代表。2006年、読売国際協力賞、2011年、日本放送協会放送文化賞を受賞。

◉——近著に『ミッドライフ・クライシス』（青春出版社）、『医師が考える 楽しく人生を送るための簡単料理 鎌田式 健康手抜きごはん』（集英社）、『鎌田實の人生図書館 あなたを変える本と映画と絵本たち400』（マガジンハウス）などがある。

ちょうどいい孤独《こどく》

2021年12月6日　第1刷発行
2022年3月22日　第6刷発行

著　者——鎌田　實
発行者——齊藤　龍男
発行所——株式会社かんき出版
東京都千代田区麹町4-1-4 西脇ビル　〒102-0083
電話　営業部：03(3262)8011㈹　編集部：03(3262)8012㈹
FAX　03(3234)4421　振替　00100-2-62304
https://kanki-pub.co.jp/

印刷所——大日本印刷株式会社

ISBN978-4-7612-7583-9 C0095